ETERNO XODÓ

ETERNO XODÓ

RENATO NALESSO
FABRICIO BOSIO

EDU
PRIMAVERA
EDITORIAL

Às minhas amadas filhas Isabella e Elena, além da querida irmã Rebeca
Ao meu anjo da guarda Luis Gustavo Locoselli *(in memoriam)*
Renato Nalesso

Aos meus pais Ênio e Maria Regina e minhas irmãs Andrea e Daniela
À minha amada Débora Martins Garanhão
Fabricio Bosio

AGRADECIMENTOS

Prefeitura Municipal de Santo Antônio de Posse, dr. Herói João Paulo Vicente, Chico Lang (TV Gazeta), Roberto Thomé (TV Record), José Emílio Ambrosio, Luciano do Valle, Renata Fan, Osmar de Oliveira, Leandro Rea Lé e toda a equipe de esportes da Rádio e TV Bandeirantes, Warley Menezes (*Correio Popular*), Felipe Diniz (TV Globo), Paulo Gonçalves (EPTV de Campinas), Éder Luiz (Rádio Transamérica), Carlito Milanês, Denys, Edu Dracena, Vágner Mancini, Cláudio Duarte, Emerson Leão, Carlos Alberto Silva, Beto Zini, Ribamar, Dr. Milton Possedente, Leonel Martins de Oliveira, Pepe, Cilinho, Carbone, Barbieri, Fernando Svevo, Rogério Micheletti, Carol Gherardi (nossa grande fotógrafa!), os irmãos João Carlos e Richard pelos longos meses como nossos guias, aos pais 'seu' Carlos e dona Cida pela paciência, e aos amigos Lilico, Carlinhos, dona Alzira, Valô e família. Não poderia esquecer a base do nosso ídolo: Fernanda, Luísa e Gustavo.

SUMÁRIO

O COMENTARISTA MAIS COMENTADO DO BRASIL

Conheci pessoalmente o personagem desta obra no dia 17 de dezembro de 1990. Naquela ocasião, tratava-se do jogador de futebol mais badalado do País. Eu, um apresentador de rádio ainda em fase de consolidação, nunca acreditei que o camisa 10 do Corinthians, que acabara de ser campeão brasileiro no dia anterior, cumpriria a promessa de comparecer ao evento do meu único anunciante do programa *Terceiro Tempo*, na ocasião na Jovem Pan. Pois ele foi, sem ganhar um tostão. A presença do ídolo literalmente parou a loja da rua Barão de Limeira, no centro de São Paulo. Era a Rede Zacharias, que hoje mora no céu.

Foram quase três horas atendendo o público. Na maior paciência e humildade possível. Vendo de longe, ainda demorou para cair minha ficha. Mas ali aquele rapaz dava uma pequena retribuição ao dom que Deus lhe deu. Cenas que até hoje não saem da minha memória.

O caipira de Santo Antônio de Posse (ou gaúcho de Erechim, como queiram!) foi soberano no início dos anos 1990. Ninguém jogava mais bola do que aquele rechonchudo meio-campista. Veio a Copa de 1990 e o carioca-mineiro bairrista Sebastião Lazaroni deixou o craque de fora. E a Seleção, que para mim seria tetra com o Neto no grupo, caiu nas oitavas contra a Argentina. Burrice do treinador, que abdicou do mais virtuoso jogador daquele momento. E contra os *hermanos* "vi" dois ou três gols de falta do Neto na partida, mesmo que ele não estivesse lá.

Pouco mais de uma década depois, alguma coisa mudou. Deus resolveu recompensar a frustração daquela não convocação com a genialidade na comunicação. Virou até jargão, mas a verdade nua e crua é que, hoje, José Ferreira Neto, ou simplesmente Neto, é o comentarista mais comentado da mídia esportiva brasileira. Não consigo enxergar ninguém do meio com tamanha sinceridade e firmeza de opinião. Ah, e foi um prazer tê-lo tirado da sarjeta, pois antes o Neto pensava em "sentar praça" na PM ou abrir uma escola de balé em Erechim, RS.

É por isso que tenho muito orgulho de trabalhar com esse sujeito. Aliás, a partir de agora estou um pouco inserido nessa rica história de vida. Com um imenso prazer!!!

Milton Neves
Jornalista diplomado e apresentador de TV

APRESENTAÇÃO

Os paulistas apaixonados por futebol, sobretudo os jovens na faixa dos 30 anos, acostumaram-se a ver um virtuoso jogador de futebol que desfilava pelos gramados brasileiros com uma perna esquerda mágica.

Nascido na pequena Santo Antônio de Posse, no interior paulista, José Ferreira Neto exerceu com autenticidade a arte de um gênio da bola. Se Rivellino deslumbrou o planeta nos anos 1970 com sua patada atômica, Neto imortalizou de uma vez por todas a camisa 10 corinthiana. Para muitos, ele foi o último ídolo dos tempos românticos do futebol brasileiro, aquele jogador que falava o que pensava, fazia o que queria e extravasava emoções a todo instante.

Faltas venenosas, escanteios de efeito e lançamentos precisos eram características marcantes do menino caipira, que no início da carreira treinava cobranças de faltas até inchar a coxa.

Os jornalistas esportivos que cobriram o auge da carreira de Neto costumam dizer que era impossível concluir o trabalho diário nos clubes sem entrevistar o imprevisível meia-esquerda. Ele frequentemente proporcionava furos jornalísticos.

Considerado fora de série pela imprensa no início dos anos de 1990, Neto e toda uma geração de craques foram derrotados pelo pragmatismo da modernidade. A busca incessante pelas vitórias fez com que os técnicos optassem por atletas brucutus e fisicamente privilegiados no lugar dos maestros da técnica.

Neto foi ídolo o bastante para atuar nos quatro clubes grandes de São Paulo. De poucas oportunidades no Morumbi a injustiçado no Palmeiras, tornou-se magnífico no Corinthians e de luz apagada no Santos. Foi também capitão e ícone de uma nova geração na Seleção Brasileira. Mas pecou pela irreverência e nunca teve vida longa com a camisa amarela. Tanto que até hoje é lembrado por ter sido injustiçado pelo técnico Sebastião Lazaroni na convocação para a Copa da Itália, em 1990.

Como jogador, ficou nacionalmente conhecido por dois momentos bem distintos: a glória da conquista do primeiro título brasileiro do Corinthians e a cusparada no árbitro José Aparecido de Oliveira, durante um clássico entre alvinegros e alviverdes no estádio do Morumbi em 1991.

Depois de pendurar as chuteiras, tornou-se um dos maiores comentaristas esportivos da mídia brasileira. Com direito a coberturas dos maiores eventos do planeta, com destaque para duas Copas do Mundo.

Fazer este trabalho foi gratificante. Reeditá-lo, melhor ainda. Muitas informações foram colhidas do arquivo pessoal de três das mulheres mais importantes da vida do Neto: sua mãe Cida, a irmã Mayra e a esposa Fernanda. Isso sem contar o apoio moral dos filhos Luísa e Gustavo.

Outra ajuda importante foi do irmão e confidente Richard. Servindo como uma espécie de guia, ele nos levou a todos os cantos por onde pisou o irmão famoso. Um exemplo é a humilde casa dos fundos onde Neto nasceu na pacata Santo Antônio de Posse.

Eternizar a fantástica caminhada do ídolo é o objetivo desta obra. Levar aos milhões de fãs a carreira peculiar de um dos maiores craques da história do futebol brasileiro foi uma satisfação.

1
NOME DE GUERRA

No final da década de 1920, um jovem sergipano natural do pequeno município de Frei Paulo, localizado a 74 quilômetros da capital Aracaju, alistava-se no exército brasileiro. Naquele tempo era a única maneira de um rapaz humilde do interior sonhar com um futuro melhor. Afinal, não era fácil morar no castigado sertão nordestino.

Ao ser incorporado, o garoto de nome simples – José Ferreira – rapidamente foi transferido para o quartel de Palmeri, em Goiás. Havia a necessidade de soldados naquele destacamento. Em 1931, já promovido a cabo, reuniu-se a algumas centenas de militares e foi enviado a São Paulo. O objetivo na época era conter as rebeliões provocadas pela frente comunista da burguesia paulista, que exigia a separação dos Estados.

O presidente Getúlio Vargas, então, resolveu agir enviando tropas de todos os cantos do País. Entre elas estava o jovem Cabo Ferreira. Um ano depois, começava a Revolução Constitucionalista.

Durante dois anos foram travados violentos combates entre revolucionários e tropas do governo. A situação só se normalizou em 1934, quando foi promulgada uma nova constituição e nomeado o paulista Armando de Sales Oliveira como novo interventor do Estado.

Até então, Cabo Ferreira nunca havia desobedecido a um comando superior. Entretanto, com o fim da batalha, no dia 22 de agosto de 1935, ele resolveu trocar o Exército pela Polícia Militar (naquela época não era necessário passar por um processo seletivo para integrar a PM). E, em uma de suas andanças como policial, chegaria à região norte do Estado de São Paulo. Ali resolveu ficar e constituir família.

Trabalhou durante um ano na Polícia Militar. Mas essas andanças cansaram o jovem. Por isso ele pediu transferência para a cadeia pública de Ribeirão Preto. No primeiro dia de serviço conheceu o carcereiro Lindolfo. Os dois ficaram muito amigos. Passavam o tempo trocando experiências de vida.

Lindolfo era casado com Luísa. A moça trabalhava em uma carvoaria junto com a irmã mais nova, chamada Natalina. Aos 12 anos, a menina sempre levava o almoço para o cunhado no trabalho. E foi lá que José Ferreira se encantou pela jovem. Diariamente, em tom de brincadeira, ele dizia:

— Vou casar com você ainda, viu, paulista?

Durante quatro anos a cena se repetiu. Até que um dia, Natalina, uma formosa menina prestes a completar 16 anos, despertou o interesse verdadeiro em José. E como ela nunca escondeu sua admiração por ele, os sentimentos se encaixaram. Em 1938, José e Natalina se casaram. Dessa união nasceriam seis filhos: Aparecida, José Carlos, Luzia, Creonice, Isabel e Fausto.

O casal criou os filhos de maneira igual. Sempre muito atenciosa. Porém, sem esconder a rigidez que o pai herdou dos tempos de militar. Ele exigia que desde cedo os filhos homens – entre os quais José Carlos, que viria a ser pai do Neto – sentissem admiração e respeito pela PM. Vivia dizendo aos moleques:

— Meus filhos, vocês serão da polícia! Não quero nem saber!

Como naquele tempo o Brasil convivia com revoltas e confrontos armados, o casal constantemente mudava de cidade. A infância das crianças foi totalmente itinerante. A família morou em Amparo, Campinas, São João da Boa Vista e Casa Branca, até finalmente desembarcar em São José do Rio Pardo. No local, em 1956, estava sendo construída a hidrelétrica Euclides da Cunha. José Ferreira arranjou com conhecidos um emprego na obra. De quebra, a usina cederia uma casinha para eles morarem.

Aos 18 anos, por influência do pai, José Carlos, ou apenas Carlos, como era conhecido por todos, resolveu entrar para o Exército. Morou durante um ano no quartel de Ribeirão Preto. Passado esse período, resolveu repetir a trajetória do pai e entrou para a Polícia. Prestou serviços à corporação ribeirão-pretana até o comando de São Paulo chamá-lo. Mas, no meio do percurso do trem, chegou uma contraordem e ele foi designado a descer em Campinas. Muitos conflitos aconteciam por lá.

Carlos resolveu fazer escola militar em terra campineira. Ficou por dois anos trabalhando e residindo na cidade. Até que, em 1963, cerca de 15 policiais foram convocados para apaziguar uma violenta briga política que dominava Santo Antônio de Posse, na época um pequeno subdistrito de Mogi Mirim.

Chegando lá o rapaz fez amizade com muita gente. Inclusive com a turma do União Possense, maior clube local. Todos os dias, ao sair da delegacia, ele dava uma passada no campo do Possense para bater uma bolinha. Como se destacava no time, os colegas pediam que não retornasse a Campinas. Um dia, ele decidiu ouvir o pessoal do futebol e pediu transferência definitiva ao destacamento da Posse. A rotina da tranquila cidade era sempre a mesma: da delegacia ao futebol, do futebol à pensão da Dona Zita, onde sempre se hospedava.

1

2

1 Neto em meio aos irmãos Richard, Jones, João Carlos e o pai José Carlos

2 Cabo Ferreira, ou simplesmente José Ferreira, avô de Neto

3 Neto nasceu por trinta cruzeiros

3

DA UNIÃO NASCE UMA ESTRELA

O filho de Dona Zita, Antônio, era casado com uma moça chamada Benedita, apelidada de Zuca. A irmã dela, Aparecida, ia com frequência visitá-la na pensão. Certo dia Carlos estava lá e ficou admirado com a beleza da jovem. Não demorou muito e começaram a namorar. Em 20 de outubro de 1964, Carlos, de 22 anos, e Aparecida, de 19, casaram-se. Ela já estava grávida e, em janeiro do ano seguinte, nasceria João Carlos, o primogênito do casal. Aliás, o nome do filho seria em respeito às crenças do patriarca José Ferreira, muito devoto de São João.

Um ano e oito meses depois, exatamente no dia 9 de setembro de 1966, nascia da parteira Noêmia, com 4,3 quilos, o segundo menino de Carlos. O único, segundo ele, que lhe derrubou lágrimas.

> "Eu chorei, chorei muito. O mais engraçado é que chorei apenas com ele. Talvez tenha sido pelo modo como aconteceu, de parteira, vendo tudo. Sofri junto com meu filho e a Cida."
>
> *(José Carlos Ferreira, pai do Neto)*

Na época, Santo Antônio de Posse não tinha nenhuma estrutura hospitalar. Isso obrigava as famílias a contratarem parteiras. Tanto é que Dona Noêmia, senhora que fez o parto de Neto, era vista como uma santa na região. Realizar partos era considerado algo divino pela população local.

Porém não é só de divindades que vive um profissional. Dona Noêmia cobrava pelos bebês que ajudava a colocar no mundo. O nascimento de Neto custou 30 cruzeiros, que foram pagos parcelados em duas vezes. No momento de registrar o menino no cartório, não houve dúvida alguma: José Ferreira Neto. Homenagem mais do que merecida ao sergipano militar que começou toda essa história. Maior glória que o casal viria a dar aos milhões de amantes do futebol bem jogado. Desse casamento ainda nasceriam outros três filhos: Jones, Richard e Mayra.

REPÚBLICA DOS ESTADOS UNIDOS DO BRASIL

REGISTRO CIVIL

Estado de São Paulo

Comarca de Mogí-Mirim

Município de Santo Antônio de Posse

Distrito de Santo Antônio de Posse

MATEUS ZAGO

Oficial do Registro Civil

CERTIDÃO DE NASCIMENTO

CERTIFICO, que às fls. 43 do livro A-vinte e oito sob N.º de ordem 15.048 foi lavrado, no dia 12 de setembro de 1966 o assento de nascimento de JOSÉ FERREIRA NÉTO

do sexo masculino, de côr branca, nascido no dia nove de setembro de mil novecentos e sessenta e seis, às vinte horas e minutos em domicilio nesta cidade, na rua Mario Bianchi, em um prédio s/n

filho de José Carlos Ferreira, brasileiro

e de Dona Maria Aparecida dos Santos Ferreira, brasileira, casados

são avós paternos José Ferreira

e Dona Natalina Ferreira

e avós maternos Sebastião Pires dos Santos

e Dona Eufrosina Quirino Julião dos Santos

Foi declarante o pae, José Carlos Ferreira

e serviram de testemunhas: Alcides Menuzzo e Antonio Beltrami

Observações "Nascido no dia nove de setembro de mil novecentos e sessenta e seis".

MATHEUS ZAGO

AMBROSINA BARBOSA ZAGO

LUIZ BARBOSA ZAGO

O referido é verdade e dou fé.

Santo Antônio de Posse, 28 de outubro de 1966.

MATHEUS ZAGO

D. R. e S. Cr$ 75

AMBROSINA BARBOSA ZAGO

Ambrosina Barbosa Zago

2

SANTO ANTÔNIO DE POSSE, ONDE TUDO COMEÇOU

Nove de setembro de 1966. O amor de Carlos por seu pai respondia pelo nome de José Ferreira Neto. Era a materialização do sonho de recordar a imagem paterna na figura de um filho. A família não sabia, o pai nunca imaginou e Cida tampouco suspeitava, mas naquele dia nascia muito mais do que uma criança. Vinha ao mundo uma perna esquerda mágica.

Em meados daquele ano, o futebol brasileiro da Era Pelé e Garrincha perdia o posto de seleção campeã do mundo para a Inglaterra. No entanto, ganhava um bebê que viria a ser um dos maiores cobradores de falta de todos os tempos. Netinho, como era chamado, aparentava ser uma criança como qualquer outra, exceto pela paixão exagerada pelo futebol. Aquilo o diferenciava dos outros meninos. Chutava tudo o que via pela frente. Até improvisava objetos para poder brincar. E é aí que morava o problema.

Segundo uma antiga tradição regional, quando nasciam filhos de militares era de praxe que os coronéis da corporação visitassem as famílias. Aliás, o salário do funcionário aumentava a cada filho colocado no mundo. O comparecimento, portanto, era uma espécie de comprovação do fato. Certo dia, logo após o nascimento de Jones, o terceiro menino dos Ferreira, o Coronel Denisale marcou sua visita à casa de Carlos. Como bom subordinado, ele preparou uma cuidadosa recepção.

O homem do alto escalão, muito sério e deixando transparecer toda a serenidade que esses momentos exigiam, entrou na sala. Cida, de pronto, trouxe em uma simples bandeja uma xícara de café, torradas com manteiga e chá gelado. A conversa começou a transcorrer naturalmente. Após a apresentação do recém-nascido, o Coronel teve a péssima ideia de querer conhecer os outros filhos do casal. Carlos chamou e vieram os pequenos João Carlos e Netinho. O primeiro, já com cinco anos de idade, entrou na sala e se juntou ao pai. O segundo veio logo atrás e ficou ao lado do irmão mais velho.

Depois de alguns minutos de conversa, Netinho caminhou na direção do Coronel e, usando um inseparável sapatinho de couro, acertou-lhe um forte chute de canhota na canela. Resultado? Denisale nunca mais foi à casa da família Ferreira e Carlos teve de administrar a hilária, porém complicada situação.

> "Esse moleque já nasceu pra jogar bola. Veio ao mundo pra isso. Já com dois anos ele não podia ver ninguém no sofá que ia bicando as canelas. Ele usava um sapatinho daqueles ortopédicos feito pelo Orlando – sapateiro da cidade. O chute já saía forte!"
> *(José Carlos Ferreira, pai do Neto)*

Ficava claro que chutar ele já sabia. Faltava agora aprender a falar as primeiras palavras. Aos sete meses ensaiou um "mamã". Com dois anos e meio, tudo o que conseguia pronunciar saía meio espaçado, quase incompreensível. Até que finalmente, aos três, ele se fez entender bem. Os gritos de liderança e os palavrões que no futuro marcariam a carreira do craque começaram com o pedido de uma bola para brincar. O pai Carlos atendeu ao pedido e mais tarde chegaria à casa com uma redonda de borracha vermelha. Os olhos do garoto brilharam de alegria.

E a vida seguia. Carlos viajava muito a trabalho. Às vezes levava consigo os filhos. Em um desses percursos, Netinho foi com ele a São José do Rio Pardo. Chegando à estação o menino viu um objeto no chão e achou que fosse uma bola. Mas na verdade tratava-se de uma estaca redonda de ferro que prendia os trilhos do trem. O garoto insistiu tanto que queria chutar aquilo que o pai autorizou. Desde que fosse chutado com bastante força. E lá foi o menino! Colocou tanta força que quase quebrou o pé esquerdo.

> "Fiz isso para ele aprender. É evidente que fiquei preocupado com o pé dele. Mas posso garantir que ele aprendeu a acreditar e respeitar o que eu falava." *(José Carlos Ferreira, pai do Neto)*

No final das contas, o menino não viajou com o pai. O próprio Carlos não pôde ir, para ficar cuidando do filho. Por sorte não teve fratura. E, mesmo machucado, Netinho não queria parar de jogar bola. No dia seguinte lá estava ele nas ruas para brincar com os amigos. Eram três ou quatro meias no pé para aliviar o impacto e a dor.

O vínculo com as pacatas ruas de Santo Antônio de Posse começou cedo. Aos cinco anos de idade e com a bolinha de borracha vermelha embaixo do braço, já saía com os amigos Fábio Porone, Fábio Mantovani, Lilico, o primo Beto e principalmente o irmão João Carlos. Eles queriam jogar futebol e se aventurar nas ruas de terra batida até o entardecer. Cabia sempre ao irmão a responsabilidade de cuidar do endiabrado Netinho.

Com apenas três anos, José Ferreira Neto foi matriculado no grupo escolar Mário Bianchi. A primeira professora, ainda no jardim de infância, chamava-se Ângela Marieti. Neto era muito extrovertido e nunca foi afeito à rigidez daquele lugar. Tanto é que constantemente arranjava uma maneira de distrair a atenção dos professores para cabular as aulas. Sempre com o objetivo de jogar bola.

Nessa fase o pequeno rapaz se envolvia em muitas confusões. Na primeira delas, outra professora, a xará Netinha Lucon, que era muito querida na cidade, cometeu o erro gravíssimo de gritar com aquele menino rebelde. Pra quê? Ele acumulou a revolta de não ter conseguido fugir mais cedo para o futebol e respondeu de forma extremamente grosseira. Ainda em começo de magistério, ela não se conteve e deu um tapa na cabeça do garoto, que bateu na mesa. Saiu sangue do nariz.

A moça não sabia o que fazer. Iniciante, ela tinha o receio de que aquela atitude prejudicasse sua trajetória. Pegou Netinho pelo braço, desesperada, e o levou para a casa da família Ferreira. A situação foi contornada em poucos minutos de conversa. Dona Cida compreendeu e relevou a atitude da professora. Essa era apenas a estreia oficial de Neto no mundo das estripulias.

Alguns anos depois, já aos oito, Netinho conseguiu matar uma das aulas. Juntou-se a alguns amigos e, sempre supervisionado pelo irmão João Carlos, foi nadar e pescar na fazenda Jequitibá, próxima a um riacho do rio Fartura. O local era bem afastado do centro da cidade. O grupo era formado mais ou menos por dez meninos. Todos se divertiam intensamente. Passadas algumas horas, sobraram apenas o amigo Lilico, além de Jones e João. Por volta das 15h, o irmão mais velho foi embora. Os outros decidiram ficar. O tempo passava e nada dos três voltarem. Carlos e Cida já estavam desesperados em casa, porque sabiam dos perigos do lugar: nadar ali não era nem um pouco aconselhável. Ciente disso, o pai pediu emprestado do vizinho o Chevrolet preto ano 1951 (eles não tinham carro próprio) e tratou de buscar os filhos. Molhados e com muito frio ambos saíram da água e levaram uma surra daquelas.

1

1 Os irmãos Jones e Richard sentados na frente do carrinho de cachorro-quente. Renda extra para a família humilde

2 Neto (pertinho do bolo de aniversário)

2

"Eu aprontava demais quando era garoto. Meu pai me batia demais."
(Neto)

A irreverência de Netinho não tinha fim. Sobretudo na escola. Mesmo querido pela maioria, o rapaz sempre arrumava briga, xingava os colegas, discutia com os professores e fugia das aulas. Certa vez pediu à professora Neide Murila para ir ao banheiro. Como ela não autorizou, alegando que o aluno estava falando demais na aula, ele abaixou o short azul-marinho, levantou a camisa branca, subiu em um banquinho e começou a fazer xixi nas carteiras das meninas de que ele não gostava.

> "Depois de aprontar essa, ele foi colocado pra fora da escola. Fui chamada na diretoria no dia seguinte. Ao saber o que realmente tinha acontecido, até dei razão ao Neto. Mas ele quase foi expulso. Acho que o protegia demais. Aos meus olhos, ele nunca estava errado. Talvez tenha sido um erro."
> *(Maria Aparecida dos Santos, mãe do Neto)*

A sossegada Santo Antônio de Posse respirava o ar puro e característico do interior paulista. As raras atrações aconteciam no coreto da praça Coronel David Batista. Era no mesmo lugar em que Netinho e João Carlos costumavam brincar nos fins de semana. Os dois simulavam uma espécie de luta na frente da paróquia. A brincadeira virou rotina e agradava quem passava por ali. Tanto é que por diversas vezes o prefeito Agostinho Coelho pagou sorvetes para a dupla.

> "Eu até brincava com ele. Mas brigar de verdade era complicado. O Neto sempre foi meio maloqueiro. Tanto é que os meninos morriam de medo dele. Atirava até pedras para se defender."
> *(João Carlos Ferreira, irmão do Neto)*

Subir em árvores, pular cercas, nadar em brejos e brincar na grama eram apenas algumas atividades dos irmãos Ferreira. Netinho também tinha a mania de roubar ovos das galinhas que seus avós maternos criavam. Certo dia a investida dele não foi bem-sucedida.

> "Sempre criamos galinha e o Neto tinha mania de querer roubar os ovos para comer. Uma vez ele pegou um que ainda estava chocando. No momento em que foi tomar, o ovo quebrou em cima dele. Nossa senhora! Ficou cheirando mal por uns três dias. Não tinha banho que tirasse aquele fedor."
> *(Eufrosina Querino Julião dos Santos, avó materna do Neto)*

MATANDO A FOME DOS AMIGOS

A educação de Neto foi basicamente materna. A vida de Carlos como policial era corrida e atribulada. Quando vinha para casa, era apenas para dormir. Na manhã seguinte, a jornada de trabalho seguia. Eram serviços em cidades próximas como Pedreira, Campinas, Jaguariúna e São José do Rio Pardo. Em algumas oportunidades, o pai ficava 15 dias sem dar as caras. Aquilo, de certa forma, incomodava os garotos, que sentiam falta de uma presença paterna. Mas não tinha jeito. O curto salário de policial militar era a única fonte de renda da família Ferreira.

Apesar de nunca terem passado fome, o dinheiro era contado. No limite. Foi aí que todos perceberam que era preciso sair em busca de novas atividades para levantar uma grana extra. Netinho conheceu essa realidade bem cedo. Logo aos oito anos já trabalhava como entregador de compras do supermercado Cedro, um dos mais tradicionais da cidade. O trabalho se restringia aos sábados. Ganhava apenas pelo dia de serviço. O proprietário do comércio, Pedrinho Bacarate, também empregava outro membro da família, o irmão João Carlos.

"Eu levei ele para trabalhar lá. Mas não durou muito. Depois de dois dias ele discutiu com a gerente do mercado e foi demitido."
(João Carlos Ferreira, irmão do Neto)

Simultaneamente a essa tarefa, Netinho começou a vender com os irmãos cachorros-quentes na porta do União Possense. Geralmente conseguia um bom dinheiro no Carnaval, época de maior movimento na cidade. As obrigações do serviço eram divididas com João Carlos e Jones. A mãe preparava os lanches, que eram vendidos aos domingos. Mas Netinho, em vez de vender, pendurava para os amigos.

"Ele vendia fiado para os amigos dele. O pessoal saía do clube e ia direto pedir lanche ao Neto. Ele não conseguia dizer não. O pior é que a maioria não pagava depois." *(Lilico, amigo de infância)*

A infância de Netinho transcorria normalmente. A vida humilde de menino do interior não o incomodava. Brincar na rua, fugir da escola e jogar bola era uma rotina bastante agradável. Nas férias escolares embarcava para São José do Rio Pardo para passar férias com os avós paternos. Adorava ficar por lá. Principalmente porque podia fazer o que queria. Por sinal, o período do fim da década de 1960 até meados da de 1970 foi o único em que Neto não precisou se preocupar com as responsabilidades da vida.

"O Neto não aproveitou muito a fase de criança. Aos 11 anos já vivia em clubes, jogando bola, tendo responsabilidades. Com essa idade já estava na escolinha da Ponte Preta. Ali a infância dele acabou."
(José Carlos Ferreira, pai do Neto)

Mas essa história vem de antes. Todos os campinhos de terra da região conheciam os gols do menino Netinho. Aos oito anos já era valorizado como um craque em potencial. Estava bem acima da média dos garotos da mesma idade. Até por isso normalmente integrava equipes juvenis, que reuniam a molecada da faixa dos 13 anos. Ao lado dos amigos Lilico, Fábio e Buleta, já entortava os zagueirões da cidade. Tanto é que Guilherme, responsável pelo treinamento dos jovens do União Possense, levou-o para ficar entre os adultos com apenas dez anos. O desejo pelo futebol crescia a cada gol marcado. O sonho era ser profissional, dar entrevista na televisão.

> "A Dona Nenê de Souza, uma vizinha da família, furava todas as bolas dele. Uma vez dei razão pra ela. O Neto ficou irado com aquilo e me jogou uma mangueira. Com raiva o derrubei no chão. Ele ficou roxo, desmaiado. Pensei que tivesse matado meu filho. Aí aquele moleque levantou do chão e disse: "Hoje você quase me matou, mas no futuro eu que vou matar sua fome!" Ele tinha certeza que seria jogador." *(Maria Aparecida dos Santos, mãe do Neto)*

Carlos sempre teve convicção do dom que Deus deu ao filho.

> "Quando alguém nasce bom para alguma coisa, não tem jeito. Todos conheciam o Neto. Desde quando jogava pelo União Possense com nove anos. Era o melhor da cidade e da região."
> *(José Carlos Ferreira, pai do Neto)*

O barulho da poderosa canhota já ecoava pelos quatro cantos da região. O jovem começava a ficar conhecido em 1977. Ele foi a grande sensação de um torneio envolvendo as potências Ponte Preta e Guarani, além de outras equipes de municípios vizinhos. Netinho defendeu o Irmãos Davoli. O time, patrocinado por uma concessionária de veículos de Mogi Mirim, mesmo não sendo campeão, foi o único a derrotar os dois grandes de Campinas.

1 Dona Cida, a mãe, e Carlos "Soldado", o pai

2 A bola escolheu o craque na família Ferreira

3 Neto (o segundo agachado, da esq. para a dir.), no infantil do União Possense

Nesse início o garoto foi muito incentivado por Carlito Milanês, dirigente do Guarani. Aquelas atuações fantásticas cresceram os olhos do cartola. Prova disso foi que, quando o campeonato se encerrou, lá estava Netinho para fazer teste no Bugre. Mas ainda sem ter noção do significado daquilo, acabou reprovado.

Ele não se importou muito e continuou batendo sua bolinha pelos campos com desenvoltura. Continuava impressionando a todos que o assistiam com seus lances de efeito, dribles curtos e gols de falta.

> "Fiquei maravilhado quando vi o Neto no Possense. Ele jogava com os adultos e dava show. Tinha, já menino, todas as qualidades de um atleta formado. Uma técnica fenomenal. Sabia que daria certo no futebol." *(Carlito Milanês, ex-dirigente do Guarani de Campinas)*

Aos 12 anos, com 1,60 metros de altura e 49 quilos, o magro Netinho desta vez foi levado pelo pai para fazer teste na rival Ponte Preta. Naquele dia o menino só não fez chover. Começou a treinar entre os dentes de leite da Macaca. Pegava diariamente o ônibus para treinar em Campinas. Ia e voltava para a Posse. Como não ganhava salário, o pouco que o pai tinha dava para pagar o almoço e o uniforme. De vez em quando, algum diretor ou conselheiro da Ponte passava para buscá-lo em casa. Começava ali a vida de jogador de futebol.

> **"Agradeço muito ao meu pai. Apesar da educação rígida, se não fosse por ele eu nunca teria jogado bola profissionalmente."** *(Neto)*

No entanto, as condições financeiras de Carlos resistiram por apenas um ano. Depois disso, foi pedir pessoalmente ao presidente do clube, Lauro Moraes Filho, que arranjasse um local para o menino ficar alojado e fazer suas refeições. Mas a falta de estrutura resultou na dispensa da jovem promessa.

Indignado, Netinho voltou para sua cidade muito triste. Mesmo assim tinha a confiança de que um dia seria jogador profissional.

Uma semana depois surgiu uma nova oportunidade no Guarani. E novamente por intermédio de Carlito Milanês, que acreditava muito no potencial daquele menino. Desta vez nem precisou fazer testes. O bom desempenho no rival lhe rendeu uma vaga entre os dentes de leite do Bugre. Mudou-se de mala e cuia para o estádio Brinco de Ouro no dia 3 de novembro de 1979. Tinha apenas 13 anos. A mágoa de ter saído daquela maneira do Moisés Lucarelli fez Netinho sonhar com uma doce vingança.

Àquela altura recordava-se das histórias de criança e se projetava como um grande ídolo do esporte. Tentava se imaginar vestindo a camisa da Seleção Brasileira. Carregou com ele também as marcas da infância. Lembrou que certa vez se envolveu em uma discussão e apanhou de um menino mais novo. Chegou em casa chorando. O pai pegou uma vara e lhe deu nas costas com força:

— Nunca mais traga choro e tristeza pra dentro de casa. Volte para lá e resolva seus problemas!

Netinho saiu de casa na mesma hora e foi atrás do menino. Bateu nele e, a partir daquele dia, nunca mais guardou problemas para si. Sempre os resolveu na mesma hora.

Recapitulando, o ano de 1980 não foi muito bom psicologicamente para o agora juvenil do Guarani. Os pais se separaram. A estrutura que o amparou até ali estava abalada. O divórcio mexeu muito com a cabeça do menino, que gostava e respeitava a figura de Carlos. Mas aquela atitude colocava em xeque toda a admiração e confiança que depositava no pai.

Netinho sabia que aquilo tudo não poderia abalá-lo nos gramados. Percebera que vivia em um mundo real e começou a fazer história. Jogou partidas memoráveis pelo infantil e pelo juvenil.

1 Com amigos de juvenil, acompanhando o treino dos profissionais

2 Aos 13 anos, na base do Guarani

3 Com a camisa da seleção francesa

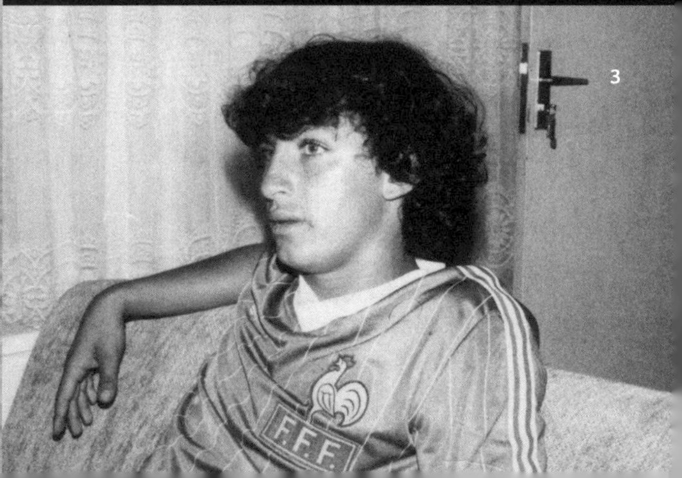

BOLEIRO DESDE SEMPRE

com a palavra Lilico (amigo de infância)

"Conheço o Neto desde moleque. Vivemos juntos nossa infância. Com uns oito anos já dividíamos a função de gandula do União Possense. Formávamos uma galerinha legal naquele tempo. Nos divertíamos nadando no lago, subindo em árvore e, claro, jogando futebol. Ele realmente era apaixonado pela bola.

Lembro que um dia os veteranos do Possense iam fazer um amistoso contra o Mogi Mirim. Minutos antes de começar, os caras perceberam que estavam faltando alguns jogadores no time. Eu e o Neto entramos em campo para completar os 11. Os caras do Mogi, então, deixaram o gramado. Disseram que não teria jogo se nós dois jogássemos. Tinham medo, é mole? É que eles já conheciam o Neto da região. Ele já tinha uns 12 ou 13 anos e arrebentava com todo o mundo. Era duro segurar.

Chegamos a jogar juntos pelo Guarani. Em 1981 o 'Seu' Carlos me levou no Brinco de Ouro. O sonho dele era me ver com o Neto naquele time. Tanto é que ele convenceu os caras a irem me ver jogar com o Neto lá na Posse. Eles ficaram impressionados. Não perdíamos para ninguém.

O técnico da base, 'Seu' Pupo Gimenez, me levou para lá. No primeiro jogo-treino, ele me escalou com o Neto no ataque. Parece piada, mas terminou oito a zero: quatro gols de cada um. Ficamos por um tempo morando juntos no alojamento. Depois de um ano e meio acabei desistindo. O Neto ficou e virou craque. Só que teve que pagar um preço alto. Já tinha a responsabilidade de sustentar toda a família antes de fazer 18 anos.

A verdade é que o Neto é como se fosse um irmão pra mim. Sempre dormia na minha casa. Tenho muita saudade daquela época. Não existe falsidade nele. Às vezes exagera na sinceridade. Pena que a infância passa e a idade chega junto com as responsabilidades da vida. Ao menos nossa amizade se perpetuou."

3

GUARANI, A SEGUNDA CASA

Com apenas 14 anos, Netinho começava a ganhar maturidade. Aliás, deixava de ser o Netinho da Posse para se transformar no Neto do Guarani. Já morava sozinho em Campinas, mas continuava o mesmo moleque rebelde e respondão de antes. Aquele período foi fundamental para que o rapaz criasse responsabilidade. Todos os dias era o primeiro a se levantar e se arrumar para os treinamentos. Dividia o alojamento com dezenas de meninos. Entre eles, alguns que ganhariam destaque mais tarde no futebol, como o lateral Gil Baiano, o goleiro Zetti, o meia Vágner Mancini e o atacante Evair.

O primeiro grande torneio da carreira foi a Copa São Paulo de Juniores de 1981. Apesar de ser o mais jovem de toda a competição, foi escalado entre os titulares. Era o xodó daquele grupo de garotos. Mas o Bugre não foi bem. Acabou eliminado ainda na primeira fase. Para o meia-esquerda, teve suas compensações. Os diretores adoraram o desempenho dele e iniciaram um trabalho de lapidação daquela joia. O atacante Careca, grande ídolo da torcida bugrina na época, valorizava aos quatro cantos a capacidade técnica daquele camisa 10. O menino ficou entusiasmado com os elogios.

Mas o alojamento do Brinco não lhe proporcionava a mesma liberdade das ruas da cidade natal. Havia regras e horários. No meio disso tudo Neto ainda era obrigado a seguir com seus estudos. Aquilo o incomodava. Mal havia completado o primário, agora precisava frequentar as aulas na E.E.P.G. Vilagelin Neto. A escola era pertinho do estádio e todos iam para lá após os treinos da tarde. O clube exigia notas boas de todos. Com Neto a história era um pouco diferente.

> "O Neto era o único com regalias. Ele só frequentava as aulas durante um ou dois bimestres. Depois parava. Os diretores o viam como o novo Maradona. E ele realmente era acima da média. A escolinha dele estava no campo."
>
> *(Vágner Mancini, meio-campo do Guarani nos anos 1980)*

A maioria da molecada do alojamento vinha de fora de Campinas. Muitos de outros estados. Como os jogos da base eram nas tardes de sábado, normalmente nas manhãs de domingo todos viajavam para reencontrar os parentes. Assim, o único momento de lazer que sobrava era no próprio sábado à noite. Alguns aproveitavam para namorar, outros davam um pulo no cinema. As atividades eram variadas.

Os alojamentos, localizados embaixo das arquibancadas do estádio, eram salões grandes, cheios de beliches. Havia também alguns armários, que eram divididos entre quatro meninos. Existia uma hierarquia no local. Os mais novos dormiam nas camas próximas à porta. Os mais velhos ficavam afastados.

Certo dia, ao chegar ao quarto, alguns jogadores viram os cadeados dos armários arrombados e deram pela falta de alguns objetos. O primeiro a se manifestar foi Vágner Mancini:

— Roubaram minha jaqueta de frio. Sacanagem!

Segundos depois, o meia Marco Aurélio gritou do outro lado da sala:

— Pegaram meu tênis All Star e minha calça Fiorucci!

Mancini então resolveu dar um alerta geral:

— Mexeram em mais algum armário?

Com a negativa, todos se aprontaram para dormir. Os dois prejudicados, indignados, prometeram falar com o supervisor Dagmar Sarube sobre o ocorrido. Passados alguns minutos, quase na hora de as luzes serem apagadas, a porta foi aberta.

— E aí galera! Beleza?

Na mesma hora Mancini e Marco Aurélio pularam da cama.

— Pô, Neto, o que é isso?

Meio sem jeito e falando baixo, ele respondeu:

— Desculpa aí pessoal! Não tinha roupa legal pra sair, nem grana pra comprar, então peguei emprestada de vocês.

O alojamento veio abaixo de tanta gargalhada. Acabaram inocentando o "réu confesso" e entendendo a falta de condições financeiras do rapaz.

Por estarem sempre juntos, os jogadores criaram um vínculo quase familiar. Conversavam sobre tudo. Muitas vezes trocavam confidências. Na época recebiam uma pequena ajuda de custo, além de escola, alimentação e moradia.

Os anos de 1982 e 1983 foram muito bons para Neto. Seu desempenho era conhecido por todos. Na ocasião, o técnico Pupo Gimenez acumulava as funções de comando dos juniores e juvenis. Mas em meados de 1982 a diretoria foi buscar no Comercial de Ribeirão Preto um novo treinador: Macalé. Neto rapidamente se transformou em seu xodó. O primeiro colete do time titular caía sempre no colo do jovem canhoto, que constantemente era convocado para as seleções de base.

Naquele tempo Neto já tinha vantagens dentro de campo. Macalé armava um esquema tático no qual ele não precisava marcar. Muito menos acompanhar o zagueiro adversário. Tinha liberdade total para atacar, puxando contragolpes em velocidade. Vale lembrar que nesse tempo Neto não sofria com a balança. Era bem magrinho. Inclusive um dos mais rápidos nos trabalhos físicos. Media pouco menos de 1,70 metro e pesava menos de 60 quilos.

Dentro dos gramados a equipe bugrina era quase imbatível. Mas um desentendimento de Macalé com a diretoria recolocou Pupo Gimenez no comando, novamente acumulando as funções. No Paulistão da categoria, Neto voava baixo. Acumulou dez gols em apenas cinco partidas. Artilheiro disparado.

O duelo seguinte era contra a Ponte. Neto entrou em campo determinado. Tudo o que gostaria de fazer era mostrar para a diretoria ponte-pretana a grande burrada que tinha feito ao dispensá-lo. Além disso já pensava em uma oportunidade no time de cima. Não demorou muito e começou a brilhar a estrela do camisa 10. Ele fez três gols na goleada de cinco a um. Os espectadores no Moisés Lucarelli não acreditavam.

> "Ele só não fez chover naquele dia! O terceiro gol dele foi uma pintura. Lembro como se fosse hoje. Bateram o escanteio da direita, ele recebeu de perna direita e cortou um, dois, três, quatro adversários e marcou um gol antológico. Pena que não existe imagem daquilo. Foi um dos gols mais bonitos que vi na vida."
>
> *(Vágner Mancini, meio-campo do Guarani nos anos 1980)*

Depois desse dérbi, a carreira da promessa bugrina começou a decolar. Aquela atuação só deu a certeza de que os dirigentes precisavam para profissionalizá-lo. Na mesma semana foi chamado para treinar com os profissionais. O Bugre do técnico Cláudio Duarte estava em plena disputa do Paulistão de 1983. Era a quinta rodada e alguns jogadores estavam lesionados. Havia a necessidade de completar o elenco. Foi aí que Duarte teve a ideia de chamar Pupo Gimenez para realizar um jogo-treino entre juvenis e juniores.

Entre os juniores estavam alguns atletas de destaque como os zagueiros Wilson Gottardo e Júlio César, além do rápido ponta João Paulo. Os mais jovens tinham em Tosin e Neto suas grandes referências. Passados alguns minutos, a constatação:

— Quem é esse monstro aí? — perguntou Cláudio Duarte.

"Seu" Pupo sorriu e respondeu na bucha:

— É o Neto!

Bastou para que Neto integrasse, com apenas 16 anos, o time principal que faria um amistoso contra a Saltense. Ele confirmou sua capacidade em poucos minutos do segundo tempo. A partir daí começou uma trajetória que seria bem longa. Viajou com a delegação a São Paulo para encarar o Juventus da Mooca em plena rua Javari.

Sábado, 28 de maio de 1983. O jogo entre Juventus e Guarani marcou a estreia de Neto entre os profissionais. Foi relacionado para o banco de reservas com a camisa 15. Não via a hora se ser chamado. Roía a unha de ansiedade. Até que, aos 20 minutos do segundo tempo, o treinador o chamou:

— Vai lá, garoto! Você vai entrar fechando pelo lado esquerdo e tentando o chute a gol.

Ele mal ouviu as instruções e correu para assinar a súmula. Estava em estado de êxtase. Afinal, aquela era a realização de um sonho de menino. No final das contas, ele entrou em campo, tentou todas as jogadas de efeito que tinha no repertório e ainda marcou um golaço de falta. Entrou no vestiário muito elogiado por Cláudio Duarte. O Guarani perdeu por dois a um, mas a partir dali Neto ganhou um espaço cativo entre os "grandões" profissionais.

O treinador viu naquele dia o nascimento oficial de um dos maiores jogadores da história do Guarani. A personalidade dele era o que mais impressionava. O jogo seguinte foi contra o Palmeiras no Brinco. Mesmo com vontade de escalar Neto entre os titulares, Duarte o poupou, deixando-o como opção. E não deu outra: ele entrou no intervalo e se destacou.

1 O garoto não largava a bola nem para dormir

2 No Guarani, em 1985

3 Garoto bugrino já se destacava entre os profissionais

1

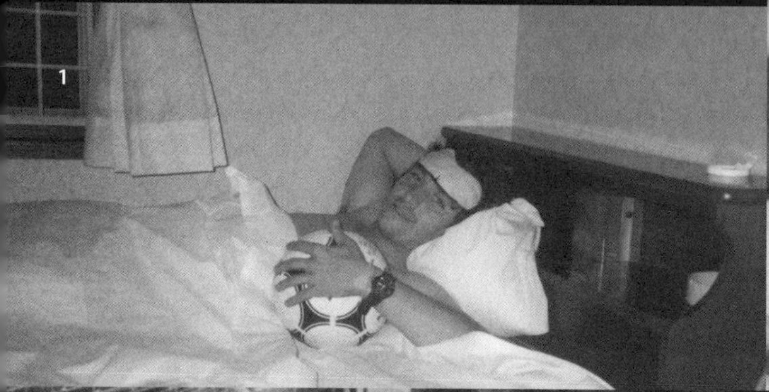

2

3

Com a confirmação de que ficaria em definitivo no time de cima, Neto obviamente não participou mais de nenhum jogo dos juvenis. Ainda assim deixou o time em uma situação privilegiada. A molecada campineira foi campeã de ponta a ponta tendo o camisa 10 como goleador do torneio com 13 gols.

> "Ele tinha a condição técnica aprimorada. Além de muita personalidade e segurança. Eu sabia que tinha uma joia nas mãos."
> *(Cláudio Duarte, técnico do Guarani nos anos 1980)*

Como fazia parte da escola do Sul do País, o treinador gaúcho valorizava muito o vigor físico e a marcação. Ele sabia, porém, que não podia privar a equipe da técnica de Neto. Tanto é que foi mais um treinador a dar liberdade para o meia armar as jogadas e chegar ao ataque. Mesmo assim pedia com frequência para todos, inclusive Neto, preencherem os espaços. Aquilo de certa forma encorpava o sistema defensivo.

> "Nunca tive problemas de relacionamento com o Neto. Ao contrário, nos dávamos muito bem. Desde que o lancei no futebol passou a me chamar de padrinho."
> *(Cláudio Duarte, técnico do Guarani nos anos 1980)*

Cláudio Duarte deixou o Guarani em meados daquela temporada. Mas a saída do "padrinho" não abalou a confiança de Neto para jogar bola. Aliás, a chegada de Ênio Andrade deu um ânimo extra para o jogador. De personalidade serena, o comandante era bem atencioso. As conversas enriqueciam a mentalidade do rapaz. A 16ª posição em um Brasileirão inchado por 44 times foi considerada razoável. Mas o meia tinha motivos de sobra para comemorar. Ele havia marcado quatro gols em 12 partidas. E isso com apenas 16 anos.

> "Existe uma diferença clara do Neto para os outros juvenis. Enquanto a maioria respeita a presença de jogadores como Luís Pereira, Serginho e Dario Pereyra, ele sai driblando em busca do gol. Por isso vai ser craque!"
>
> *(Ênio Andrade, técnico do Guarani, para o* Correio Popular, *25/01/1984)*

Naquele momento o sonho de ser um jogador de verdade era real. Assim como treinar diariamente com atletas renomados como Éverton, Edmar e Ricardo Rocha. Mas nada daquilo o deixava deslumbrado. Já integrado ao elenco de cima há um bom tempo, Neto começou a reivindicar um contrato profissional. Exigia na verdade um reajuste de seu baixo salário de iniciante. Propostas de potências como Flamengo e Palmeiras não seduziam o menino craque. O pai Carlos, que respondia pelos interesses do garoto, recebia telefonemas com ofertas de todo o Brasil. Mas a vontade de Neto era continuar no Bugre.

Após muita conversa, finalmente chegou o dia da reforma contratual. Na sala da presidência, o titular da cadeira, Antônio Tavares Junior, fechou o negócio. Foram apenas alguns minutos de bate-papo. A partir daquele instante, o jovem Neto ganharia um salário dez vezes maior do que vinha recebendo.

A família Ferreira explodiu de alegria em Santo Antônio de Posse. O filho da terra se profissionalizava. Todos estavam orgulhosos. E mais: agora aquele dinheirinho poderia ajudar a todos. O lucro dos cachorros-quentes que vendia quando garoto não era nem sombra do que passava a receber como atleta. No início o salário era repassado diretamente ao pai. Ficava apenas com uma parte para poder comprar roupas.

> **"Não tinha esse privilégio quando moleque. Gostava de carros e roupas. Os primeiros ainda eram um sonho distante. Então resolvi comprar uma camisa polo laranja. Só usava ela. Era meu xodó."** *(Neto)*

Pouco mais de um ano depois, finalmente o meia-esquerda do Guarani conseguiu comprar um carro. Um Puma verde metálico do qual cuidava com muito carinho. Era o único garoto da idade dele com esse privilégio. Outra vantagem que Neto tinha sobre os outros juvenis era o fato de que subiu para os alojamentos dos profissionais. Lá o conforto era maior. Havia quartos reservados, espaço para guardar roupas e banheiros privativos. Nesse período Neto morava com o atacante Rubens Feijão.

Ainda assim a identificação com a molecada era evidente. Vivia com o pessoal para cima e para baixo. O único problema era que as saídas e entradas noturnas eram fiscalizadas no Brinco de Ouro. Todos os dias, às 23h, todos tinham que estar de volta. Todos que saíam assinavam uma lista. O controle diário era feito pelo supervisor Dagmar Sarube. Os guardas eram rigorosos na portaria. Já os garotos utilizavam vários artifícios para burlar a segurança. Um deles era causar aglomeração no local das assinaturas para preencher os espaços dos que estavam ausentes. O nome de José Ferreira Neto constantemente tinha de ser rubricado pelos colegas.

Essa era a parte fácil. O difícil era voltar mais tarde para o quarto com os portões fechados. Neto e alguns "comparsas" descobriram uma forma de entrar pelo túnel de dentro do campo do estádio. Ou seja, eles pulavam o muro atrás do gol e seguiam de maneira bem cautelosa até os quartos. Essa tática nunca foi descoberta.

Por conviver diariamente no complexo Brinco de Ouro, os meninos conheciam minuciosamente todos os cantos daquele estádio. A única dificuldade que tinham era para entrar no ginásio e acompanhar de graça os frequentes shows que eram contratados.

> **"Só dava pra ver show ruim, pô! Quando estava meio vazio, o pessoal do bar liberava a gente para entrar por trás. Quando estava lotado, sem chance."** *(Neto)*

Em um fim de semana de 1984, a cantora Elba Ramalho se apresentou por lá. Estava no auge da carreira, e todos os ingressos foram vendidos rapidamente. Sabendo que não conseguiriam entrar pelo bar, eles tentaram de outra forma. Um dos juvenis, chamado Pito, pulou um muro de quase três metros que ficava atrás do palco. De lá fazia sinais para os companheiros. Quando o segurança vacilava, eles passavam. Dentro do ginásio ainda precisavam ficar escondidos para não serem reconhecidos. Senão era problema na certa.

A MOSCA DO BRINCO

Todos estavam acostumados com a presença de Neto no Brinco de Ouro. Era uma figurinha carimbada no ginásio, no estádio e principalmente no clube. Brincava com todo o mundo. E rapidamente ganhou um apelido.

> "Ele era aquele cara que sempre estava onde não podia. Sempre se metia nos assuntos dos outros. Atravessava conversa. Sabe aquela mosca que pousa na sua sopa? Esse era o Neto! A Mosca."
> *(Vágner Mancini, meio-campo do Guarani nos anos 1980)*

Além de "Mosca" ele recebeu outros apelidos, como "Bruxa", em referência aos cabelos completamente despenteados. Mas os momentos de alegria e tranquilidade nos alojamentos estavam chegando ao fim. Aos poucos os sonhos de Neto iam se concretizando. A mãe Cida e os irmãos Jones, Richard e Mayra se mudaram para Campinas. Foram morar em um apartamento alugado pelo jogador. Eram dois quartos, um banheiro, cozinha e área de serviço. Nada muito grande. Suficiente para abrigar a família.

Separados, os pais não se falavam havia quase cinco anos. Mas Neto ainda mantinha contato com ambos. Quem sofria era a irmã Mayra, de apenas sete anos. Ali o irmão sentiu que precisava fazer alguma coisa. A responsabilidade aumentou.

"Ele foi o pai que eu não tive. Sempre o amei como um pai. Sou sua maior fã. Faço tudo pelo Neto." *(Mayra Ferreira, irmã do Neto)*

Com o passar dos anos, Neto foi acumulando posses. Em sociedade com o irmão mais velho, João Carlos, comprou um terreno de tries mil metros quadrados em Santo Antônio de Posse. Foi sua primeira grande aquisição. Pensava no futuro.

A rotina do futebol foi afastando-o da família, mas nunca fugiu das responsabilidades. Com 17 anos era titular absoluto do técnico Carlos Alberto Silva, mesmo comandante do Bugre campeão brasileiro de 1978. Ele apreciava o futebol do meia canhoto, que naquele Estadual marcou 12 gols. O jovem já mostrava personalidade e liderava a equipe dentro de campo. Naquela competição uma partida ficou marcada. Novamente um dérbi.

"Há cinco anos o Guarani não vencia a Ponte. Mas naquele dia arrebentei! Vencemos por três a um. Fiz dois gols. Um deles em uma cobrança de falta quase do meio-campo." *(Neto)*

Nesse mesmo ano foram disputados os Jogos Olímpicos de Los Angeles, nos Estados Unidos. Neto vivia um grande momento e aguardava com ansiedade uma convocação. O técnico Jair Picerni admitia levá-lo, apesar da falta de experiência internacional. Mas o fato não se concretiza. Picerni chamou um grupo que tinha como base os jogadores do Internacional de Porto Alegre.

Desde jovem, Neto se envolvia em discussões por salários e premiações. Em agosto de 1984, deparou com a mais séria delas. Ao lado do goleiro

Sidmar, reclamou de bichos atrasados em uma reunião com Vilmar Serra, diretor de futebol. O debate por pouco não acaba em confusão.

> **"O Serra disse que tinha marcado de dois ou três jogadores conversarem com o presidente. Disse que tínhamos que ir todos. Senão era melhor nem ter reunião. Ele me chamou de moleque e o clima esquentou."** *(Neto)*

Ninguém chegou às vias de fato. Mas a celeuma estava armada no Brinco. Jogadores e diretores definitivamente não falavam a mesma língua. Até que Serra veio a público esclarecer a polêmica.

> "Disse ao Neto que ele era um garoto novo. Em formação. Por isso não levaria em consideração as bobagens que ele havia dito."
> *(Valdir Serra, diretor de futebol do Guarani, para o* Correio Popular, *12/08/1984)*

No segundo semestre foi disputada a Taça de Ouro. Já com 18 anos, Neto começou a enfrentar seus primeiros problemas com a balança. Ela apontava 76 quilos. Muita coisa para seus 1,74 metro.

> "Ele tem erros alimentares de infância. Só gosta de refrigerantes, doces e massas."
> *(Milton Possedente, médico do Guarani, para a revista* Placar, *11/11/1984)*

Neto nunca entendeu a verdadeira importância de se manter em boa forma física. Sempre retornava dos períodos de folga com alguns quilos extras.

O meia não podia ficar limitado aos lances de bola parada. Naquela altura, ele já era o principal expoente técnico do Guarani e precisava estar ligeiro para escapar das botinadas dos adversários e decidir os jogos com gols. Tinha para isso o respaldo e a confiança do técnico Carlos Alberto Silva.

"Gordo ou magro a verdade é que o Neto é o jogador de maior futuro do Brasil. Ele põe o Bebeto do Flamengo no bolso."
(Carlos Alberto Silva, técnico do Guarani, para a revista Placar, *11/11/1984)*

No finalzinho daquela temporada, mais um dérbi pela frente. Mas aquele era um clássico diferente. Marcava a despedida do ídolo rival, Dicá. Em conversa transmitida pela Rádio Educadora de Campinas, Neto fez um desafio à Dona Conceição, torcedora-símbolo da Macaca.

— Pode me cobrar dois gols neste jogo. Vou acabar com a sua Ponte Preta.

Resultado? Logo aos oito minutos de jogo, falta na intermediária, o primeiro gol do visitante. Sete minutos depois, um belo sem pulo e dois a zero no placar. A torcida bugrina foi à loucura. Aos gritos de "olé", o Guarani venceu por três a um. Estava cumprida a promessa. Mesmo sendo substituído na metade do segundo tempo, só se ouvia o nome de Neto pelos cantos do estádio. No final, Dicá pendurou as chuteiras sem ver a cor da bola.

"Eu nunca me dei bem com o Dicá. Dentro de campo catimbávamos demais. Eu chamava ele de velho. Ele me dizia que eu era pobre. Isso era normal. Mas fora dali eu sempre o respeitei demais." *(Neto)*

O ano chegava ao fim e a mídia esportiva reverenciava a qualidade técnica do jovem meia-esquerda do Guarani. Uma nota do *Jornal da Tarde* retratava com clareza essa euforia:

"...o garoto Neto é a grande revelação desta temporada. A imprensa esportiva está sendo unânime em dizer que Neto não é mais uma promessa. Agora ele é certeza." *(*Jornal da Tarde, *05/12/1984)*

A aparência física não era a mesma dos outros atletas. Ele parecia mais forte, robusto, sem ter o corpo definido. Deixava aparecer uma pequena protuberância na região abdominal. Até pelo porte, alguns especialistas já o comparavam com Puskas, craque húngaro dos anos 1950. Para as entrevistas, Neto era o mais requisitado. Mostrava-se mais maduro e falava como líder.

O ano de 1985 começou sem Carlos Alberto Silva no comando do Guarani. Ele saiu após salvar o clube do rebaixamento do Brasileiro no ano anterior. E como o contrato de Neto estava para acabar, começaram as especulações. A primeira foi de que o Corinthians estaria interessado. A torcida ficou apreensiva. Mas depois de muita lenga-lenga, 'Seu' Carlos conseguiu a renovação contratual.

Naquele momento, Neto não queria sair. Achava que precisava fazer algo mais pelo time. Vinha com o moral de ter sido campeão como titular do Sul-Americano Sub-20 com a Seleção Brasileira. Mas uma discussão com o técnico Jair Pereira o deixou de fora da grande final. E se a fama de birrento e provocador já estava praticamente encerrada em Campinas, na CBF ele era visto como um moleque mal-educado.

Lori Sandri era o novo comandante do Guarani. E em plena disputa da Taça de Ouro, começaram os desentendimentos. Em uma partida contra o Flamengo, o camisa 10 não gostou de ser substituído. Mais tarde acabou deixando a concentração da equipe sem dar satisfações. Ali começavam os boatos de que o jogador gostava da vida boêmia. Isso repercutiu negativamente sobre a imagem do rapaz.

O treinador resolveu afastar Neto da partida seguinte contra o Cruzeiro. Ele retornou apenas na segunda-feira e tentou pedir desculpas a Lori. Pazes feitas, o Guarani reencontrou o caminho das vitórias e fez uma bela campanha. No elenco daquele ano brilhavam nomes como os do goleiro Waldir Peres, do zagueiro Júlio César e dos atacantes Edmar e João Paulo.

Nesse período a vida de Neto começou a ser bem movimentada. Jones, que tentava seguir os passos do irmão famoso, quebrou a tíbia em um jogo dos juvenis do Bugre. Neto, que estava no aeroporto com a delegação rumo a Maceió, pediu dispensa e foi acompanhar a operação do irmão.

A verdade é que a relação entre Neto e Lori Sandri nunca foi das melhores. O jogador sempre reclamava ao ser substituído. Sentia-se perseguido e saía resmungando. Até que novamente surgiu um dérbi no meio do caminho. Em vez das alegrias, veio a tristeza. O time alviverde acabou eliminado pela Ponte, e Neto, revoltado, pediu para ser negociado. A bronca com o técnico era quase insustentável, mas a família, alguns jogadores e a diretoria o convenceram a ficar.

O time estava bem naquele Paulistão. Até que, no fechamento do turno, o Guarani recebeu o forte time do São Paulo, conhecido por ter os "Menudos" do Morumbi. Um simples empate daria ao Tricolor o título na primeira metade do campeonato. No entanto, com um chute potente de fora da área de seu camisa 10, os campineiros jogaram água no chope do rival. A Portuguesa acabou ficando com a taça.

As concentrações rendiam várias histórias hilárias. Invariavelmente, Neto era o personagem central. Em uma delas, os jogadores começaram a notar que as contas dos quartos estavam vindo altas demais. No início não reclamaram, mas desconfiaram. Até que o zagueiro Wilson Gottardo decifrou o mistério.

> "O Neto pedia direto lanche, refrigerante e sobremesa no quarto. Depois colocava no nosso nome e falsificava as assinaturas na comanda."
> *(Wilson Gottardo, zagueiro do Guarani, para o* Correio Popular, *26/08/1985)*

Ainda no Estadual, com vitórias sequenciais sobre XV de Piracicaba, América-SP e Inter de Limeira, o Guarani se classificou para as semifinais da competição. Tinha pela frente novamente o São Paulo. A pressão do Morumbi lotado e a forte marcação do volante Márcio Araújo sobre Neto limitou demais os bugrinos, que acabaram derrotados por três a zero.

Naquele ano, o título ficou com o Tricolor, que superou a Lusa na final. O Guarani garantiu a terceira colocação.

Novas especulações sobre uma possível saída de Neto assombravam o Brinco de Ouro. Por sinal, todos os dias a imprensa arrumava um novo destino para o meio-campista. Inclusive, a diretoria chegou a negar uma proposta do Flamengo. Porém outra oferta carioca, do Vasco da Gama, por pouco não foi concretizada. O sonho de Antônio Soares Calçada, presidente cruz-maltino, era montar uma dupla de meias com Neto e Roberto Dinamite.

> **"Acho que me daria bem por lá. Sempre gostei do Dinamite. Depois me imaginei metendo bola para o Romário. Meu Deus!"** *(Neto)*

O Guarani pediu muito e a negociação acabou naufragando. O jogador então quis aumento salarial para uma renovação. As exigências incomodaram o presidente do clube, que resolveu liberá-lo.

> "O Neto sempre dava muito trabalho nas renovações. Exigia muita coisa. Até que um dia me encheu o saco e resolvi emprestá-lo ao Bangu." *(Leonel Martins de Oliveira, presidente do Guarani nos anos 1980)*

CONHECENDO A CIDADE MARAVILHOSA

O acordo inicial com o Bangu era para um empréstimo de quatro meses. A transferência para o clube carioca dirigido pelo bicheiro Castor de Andrade lhe rendeu o primeiro bom dinheiro da carreira.

> **"Fui muito bem tratado no Bangu. 'Seu' Castor me recebeu de braços abertos. Sem contar que tive direito a 15% do meu passe na época, que dava uma boa grana."** *(Neto)*

1

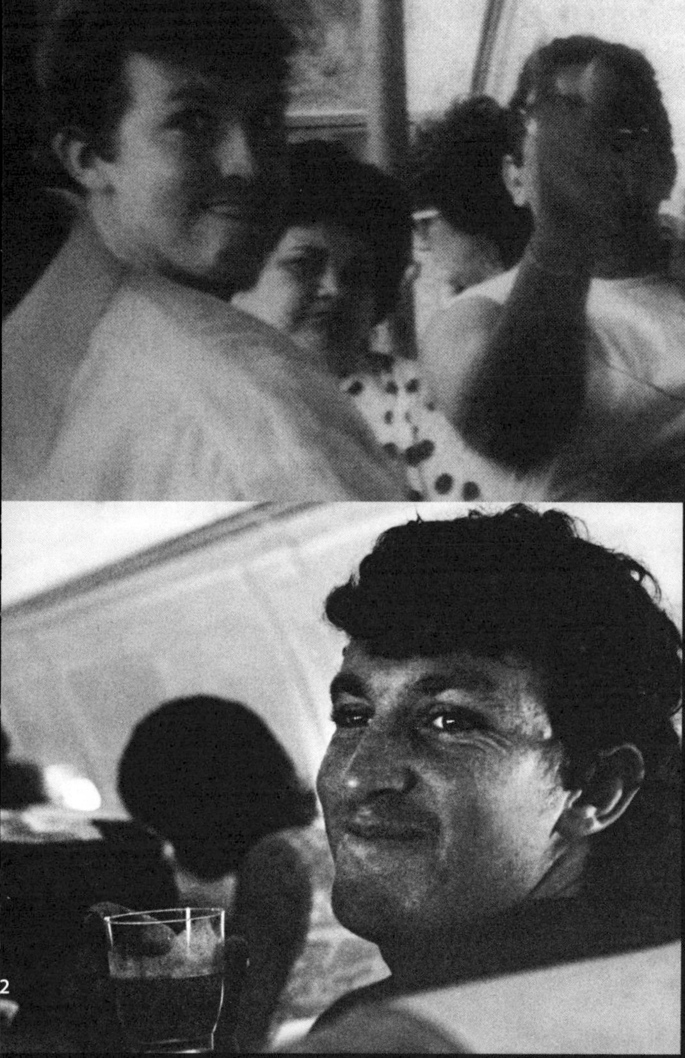

2

1 O caipira e brincalhão Neto
no bondinho do Pão de Açúcar

2 Ponte aérea para o Rio nos tempos
de Bangu

O técnico era Paulo César Carpegiani. O campeonato em disputa era o Brasileirão de 1986. O elenco do Bangu era praticamente o mesmo que no ano anterior havia conquistado o vice do Nacional. Os destaques ficavam por conta do goleiro Gilmar, do zagueiro Mauro Galvão e do ponta Marinho.

Castor de Andrade optou por hospedar seu novo reforço no Hotel Intercontinental, no bairro de São Conrado. Lá Neto pôde desfrutar de mordomias que nunca tinha tido. Aproveitou também para conhecer os cartões-postais da cidade, como o Pão de Açúcar, Cristo Redentor e o Corcovado. Andou de bondinho para cima e para baixo. Adorou a sensação. Era um garoto caipira aproveitando as vantagens da cidade grande.

> **"Eu saía muito pouco no Rio. Só pensava em jogar bola. Fiquei a maior parte do tempo no hotel. Só dava umas voltas quando apareciam meus amigos de Campinas."** *(Neto)*

Mesmo acostumado com a chatice dos alojamentos, Neto sentiu um pouco a solidão de viver sozinho em uma metrópole. Por isso levou 11 familiares para passar férias no hotel. Histórias não faltaram.

> **"Meus irmãos pegavam todas as garrafinhas de uísque do quarto. O pessoal do hotel ia repondo e eles pegavam pra levar embora. Fiquei com fama de cachaceiro entre os funcionários. É brincadeira?"** *(Neto)*

Os parentes ficaram hospedados por uma semana. Depois foram embora. Neto ficou para a disputa do Campeonato Brasileiro. E, apesar da estrutura relativamente boa, o pai ficou com uma pulga atrás da orelha.

> "Foi complicado ver meu filho naquele time cheio de gente que nós sabíamos que usava droga. Nunca quis ele no meio daquilo. Ainda bem que ficou pouco tempo." *(José Carlos Ferreira, pai do Neto)*

Eram outros ares. Uma nova oportunidade para provar seu valor. Só que a temporada de Neto no Bangu foi muito curta. Jogou poucos jogos. Talvez a melhor atuação tenha sido contra o Palmeiras em pleno Palestra Itália. Os donos da casa venciam por dois a zero. Aí brilhou a estrela do meia do Bangu, que deu dois passes milimétricos para o atacante Nando empatar.

"Não dei certo no Bangu. Realmente não estava com a cabeça legal. Tinha 19 anos e me senti muito sozinho. Depois de cumprir meu contrato, voltei para o Guarani. Mas o Leonel nem me deixou pisar no Brinco. Disse que tinha me emprestado para o São Paulo." *(Neto)*

Neto comemorando gol na primeira partida da final de 1988 contra o Corinthians

FAMA PRECOCE

Com a palavra, Vágner Mancini (ex-jogador do Guarani)

"Eu vi o Neto pela primeira vez no juvenil do Guarani. Ele só tinha um chinelo de dedo e uma camisa da Seleção de número nove. Nós jogávamos, morávamos e estudávamos juntos. Aliás, a molecada toda formava uma grande família. Não tinha estrelismo naquele grupo. Mas a verdade é que em campo nosso time atuava em função do Neto. Ele fazia coisas absurdas para os nossos 16 anos.

Naquele tempo o Neto já era muito conhecido em Campinas. Ele entrava onde queria e não pagava nada. Exemplo disso era a Apocalipse, uma boate pertinho do Brinco. Ele nunca pagava e ainda levava a gente no vácuo.

Em uma dessas vezes o Neto ia ser um dos jurados do concurso de miss. Fui eu, ele e o Mário. Quando chegamos na porta, ele cumprimentou o segurança, que abriu passagem. Lá dentro estava totalmente lotado. Foi quando o Neto perguntou para um funcionário de lá: "Cadê minha mesa?". O cara nos levou até uma mesa reservada. Depois de um tempo ia começar o julgamento da miss. De lá ele fazia um sinal pra saber quem nós preferíamos. Eu e o Mário gesticulávamos preferindo a número três. Ele foi lá e votou na três.

Costumávamos ir ao cinema durante as folgas. Não era tão caro. Dava pra fazer uma vaquinha. Tinha que ter dinheiro para ver o filme e depois passar no 'Sucão' pra comer um lanche e, lógico, tomar um suco.

Quando o Neto saiu pela primeira vez para o Bangu, ele mostrou o quanto gostava da gente. Lembro que, com a primeira bolada que pegou, comprou um Escort XR-3 conversível e viajou até Campinas só para nos levar para dar uma volta. Ele sabia que aquilo era o sonho de consumo de todos. Ele abaixou a capota, encheu o carro de moleque e fizemos festa pelas ruas da cidade.

Eu admiro o Neto até hoje pelo lado humano. Foi o melhor jogador com quem trabalhei."

4

MENINO TRICOLOR

Aos 20 anos, depois de cumprir o contrato rigorosamente com o Bangu, Neto se apresentava ao São Paulo. Se já pesava sobre o jovem a responsabilidade de sustentar toda a família, a pressão aumentaria por partir para um clube de grande projeção nacional. Era um desafio. Muitos especialistas não acreditavam mais no sucesso de Neto. Diziam que o comportamento rebelde lhe traria graves consequências. Mas até então seu talento com a bola nos pés era indiscutível.

> **"A melhor coisa que o Leonel [presidente do Guarani] fez foi me emprestar para o São Paulo. Acabou sendo excelente para a minha carreira atuar ao lado de grandes estrelas como Gilmar, Pita e Careca. Dividia o quarto com o Oscar, que era titular da Seleção. Quer mais que isso?"** *(Neto)*

A palavra que melhor caracteriza a passagem de Neto pelo Morumbi é aprendizado. A chegada ao Tricolor aconteceu em meados de novembro, ainda durante a disputa do Brasileirão de 1986. Ele veio a pedido do técnico Pepe e do auxiliar José Carlos Serrão.

> "O Neto era um meia de técnica apurada. Sempre desequilibrava as partidas contra nós. Nada melhor, então, do que trazê-lo para o nosso lado."
>
> *(José Macia, o Pepe, técnico do São Paulo nos anos 1980)*

Como já tinha atuado em outro time, ele não pôde integrar o elenco naquela competição. Por obra do destino, o Tricolor foi campeão nacional justamente contra o Guarani na grande final, que, por problema de agenda, foi disputada em 1987. Depois da ressaca do título, lá estava o garoto caipira entre os campeões. Todos aprovaram sua chegada.

> "Ele tem malícia. Lembro que, em um lance de escanteio, ele foi malandro e cobrou rapidamente para pegar a gente de surpresa. E conseguiu. O gol saiu dali."
>
> *(Dario Pereyra, zagueiro do São Paulo, para o* Jornal da Tarde, *12/11/1986)*

A alegria de atuar em um dos clubes mais organizados do País era imensa. Depois das férias do elenco, havia o início da pré-temporada com amistosos internacionais nos Estados Unidos e Caribe. A estreia com a camisa do clube novamente deu mostras da conhecida rebeldia. No Orange Bowl, em Miami, contra o Millonarios da Colômbia, ele entrou no lugar de Sídnei e acabou expulso. Compensou dias depois, contra os ingleses do Watford, em Trinidad e Tobago. Show de bola com direito a golaço. Impressionou a comissão técnica. Isso o credenciou para ser titular no primeiro jogo do Tricolor no Paulistão contra o Santo André.

Mas um fato inesperado atrapalhou os planos do técnico Pepe. Na sexta-feira que antecedia a partida, Neto decidiu viajar para o município de Espírito Santo do Pinhal, onde seria a formatura de segundo grau do amigo Fernando Dalcorso. Relutou um pouco para dirigir na estrada, pois acabava de voltar de uma viagem de avião de 20 horas. O cansaço era evidente.

"Não tive como rejeitar o convite. O Fernando era meu amigão de infância. E valorizo muito isso." *(Neto)*

Antes de chegar ao destino, o rapaz deu uma passada com seu Escort preto na cidade vizinha. Foi até os alojamentos do Mogi Mirim E.C. para conversar com os amigos Cardoso e Nido. Demonstrava alegria por ser jogador do São Paulo. Ficou lá um bom tempo na "resenha" antes de seguir para a festa.

Já no evento Neto chamava a atenção de todos. Distribuiu autógrafos e tirou fotos com todos os formandos. Depois de mais ou menos duas horas, chegava o momento do baile de formatura. Cansado e com muito sono, pediu para ir embora. Despediu-se de todos e seguiu viagem. Com pressa, guiava em alta velocidade. Um verdadeiro perigo naquela estrada sinuosa e deserta que ligava Pinhal a Mogi.

"Apaguei de sono. Só depois fiquei sabendo que capotei o carro várias vezes e caí em uma ribanceira. Nasci de novo! Inclusive parte da minha memória foi afetada. Não me lembro de muita coisa da minha infância." *(Neto)*

O acidente aconteceu por volta das duas da manhã. Ficou desacordado por algum tempo. Quando recuperou os sentidos, estava zonzo, com o corpo todo dolorido. Subiu com dificuldade para a estrada e tentou pedir ajuda. Ninguém passava. Aquilo causou desespero. Ainda mais porque a dor só aumentava.

"Naquele momento, me lembrei do Marquinhos, meu amigo de Ilha Solteira. Ele jogava comigo na base do Guarani e ficou paraplégico em um acidente parecido." *(Neto)*

Depois de muito caminhar, conseguiu chegar a um posto de serviço. Ligou para a família. O esforço até ali foi tão grande que desmaiou. Foi acordar apenas no leito do Hospital Santa Edwiges, em Campinas. Os médicos deram o diagnóstico.

"O paciente sofreu uma fratura na clavícula esquerda, leve traumatismo craniano e lesão no ligamento da coluna cervical. Precisa de repouso e inatividade de pelo menos 60 dias. Terá o pescoço imobilizado e o braço engessado. Tem também fagulhas no olho esquerdo, por isso terá atenção dos oftalmologistas."
(Milton Possedente, médico, para o Jornal da Tarde, *22/03/1987)*

O sonho de atuar nos primeiros jogos do São Paulo na temporada foi para o espaço. O momento era de total recuperação. Fisioterapia intensa. Várias sessões para dar a Neto os movimentos naturais do corpo. Já a Bebeto de Freitas, preparador físico, coube colocar o craque na ponta dos cascos.

"Apesar de antiquado, o trabalho físico com o Bebeto foi excelente! Agora ficar correndo na Marginal Tietê não tinha nada a ver, né? Até porque poderia ser em qualquer lugar, pô!" *(Neto)*

PRIMEIRO TÍTULO PROFISSIONAL

A recuperação foi relâmpago. Em vez dos 60 dias, Neto ficou fora por apenas um mês. Finalmente, estreou no Paulistão de 1987. Seu retorno foi marcado por uma coincidência, o fato de a partida ser justamente contra a Ponte Preta, a rival desde moleque. O palco era um Morumbi com pouco mais de quatro mil espectadores. Com dois gols de Silas, um de Müller e outro de Edmílson, o Tricolor goleou por quatro a zero e seguiu a excelente campanha na primeira fase. Neto entrou apenas no segundo tempo, no lugar de Pita.

A partir dali Pepe começou a escalar o meia-esquerda para todas as partidas. Mas sempre entre os reservas. Até que um dia, em um jogo em São José do Rio Preto contra o América-SP, ele foi escalado pela primeira vez como titular. Agradou. Só que acabou substituído por critérios táticos pelo zagueiro Wágner Basílio no segundo tempo. Era mania de Pepe fazer esse tipo de alteração quando queria segurar a vitória. Conseguiu. São Paulo dois a um.

Passadas algumas rodadas, o técnico Pepe, misteriosamente, acabou demitido. Em seu lugar assumiu Cilinho, que já tinha passagem vitoriosa pelo clube.

> "Fui campeão brasileiro no São Paulo em 1986 e só saí no meio do Paulistão do ano seguinte porque me desentendi com alguns jogadores. O presidente Carlos Miguel Aidar achou por bem me substituir com receio de uma queda de rendimento."
> *(José Macia, o Pepe, treinador do São Paulo nos anos 1980)*

A retomada de Cilinho foi complicada. Nas cinco primeiras partidas, ele empatou três vezes e perdeu outras duas. O time caía pelas tabelas e a torcida começou a pressionar. Nesse período o treinador sofria muito com os desfalques. Principalmente dos jogadores que serviam a Seleção Brasileira. A redenção viria apenas no segundo turno, com uma goleada de respeito para cima do Santo André: quatro a zero. Àquela altura Neto aproveitava a brecha para se firmar como titular absoluto.

> **"Eu era uma promessa. Tinha até técnica para jogar, mas naquele time era complicado. Era só cara de Seleção. Alguns já tinham na bagagem até Copa do Mundo."** *(Neto)*

1 Apresentado no São Paulo pelo presidente Carlos Miguel Aidar

2 Neto com a irmã Mayra em seu apartamento em Campinas

3 Fazendo compras em Miami com os amigos de Tricolor

Com o lateral Nelsinho, os meias Pita e Silas e o atacante Müller servindo a Seleção na Copa América e no Pan-Americano, a tal promessa começou a se destacar no Morumbi. Fez uma bela apresentação na Libertadores da América contra o Colo-Colo do Chile, em pleno estádio Nacional de Santiago. Anotou um dos gols do empate por dois a dois. Mas na ocasião não se dava tanto valor ao torneio. Tanto é que o Tricolor caiu ainda na primeira fase e ficou como pior time até então. Na sequência, dois jogos do Estadual foram marcantes para o jogador.

O primeiro deles, no dia 28 de julho, era contra o Bandeirante de Birigui. O horário da partida tinha sido antecipado para as 11 horas por causa do duelo do Brasil contra a Venezuela pela Copa América. Sob um sol escaldante, o jogo foi truncado e de poucas oportunidades. Em uma delas Neto acertou uma bomba de fora da área e garantiu o resultado.

Três dias depois, contra o América-SP, o camisa 10 foi novamente o nome do jogo, fazendo o único gol são-paulino no empate magro por um a um. Depois disso, Cilinho voltou a ter os medalhões à disposição. E Neto voltou a esquentar o banco.

Ficar como opção para o segundo tempo não o agradava. Só conseguia se conformar porque o titular da posição era o consagrado Pita. Tudo corria na mais perfeita ordem. Até que o treinador resolveu colocar um fim na paz do elenco ao não relacionar Neto para um jogo da reta final contra o XV de Piracicaba.

> **"Vim para o São Paulo para jogar bola e mudar minha imagem negativa. Mas aquilo me deixou inconformado. Explodi de raiva."**
> *(Neto)*

A primeira reação do jogador foi pedir para sair do clube. Com o discurso de que não poderia perder o comando do grupo, Cilinho endureceu.

"Conversei com o Neto. Tentei fazê-lo refletir. Mas ele era imaturo, individualista e sem espírito de coletivo. Nem o Guarani o queria de volta. Tinha que entender que ali existia comando."
(Cilinho, técnico do São Paulo nos anos 1980)

Após o polêmico episódio, o comandante não tolerou a indisciplina e o afastou do elenco. Não podia nem treinar com o restante dos atletas. Literalmente foi deixado de lado.

Duas semanas depois, Cilinho resolveu fazer um churrasco para repetir a dinâmica de grupo vitoriosa de quando esteve no São Paulo em 1985. Ele só não contava que ali surgiria o pedido dos demais atletas pela reintegração de Neto. E, após uma longa reunião entre jogadores e comissão técnica, ele estava de volta – com a promessa de que não haveria rancor na relação futura.

Chegava ao fim a primeira fase daquele disputado Paulistão. Depois de 38 rodadas, apenas três pontos separavam o líder do quarto colocado. O regulamento dizia que o primeiro enfrentaria o quarto e o segundo enfrentaria o terceiro nas semifinais. Assim, os confrontos estavam definidos: Santos x Corinthians e Palmeiras x São Paulo.

Sábado, 15 de agosto de 1987, primeiro "Choque Rei" daquela eliminatória. Ainda na fase de classificação, as duas equipes haviam jogado duas vezes, com um empate e uma vitória do Palmeiras, gol do volante Lino. Ali o meia-esquerda reserva enxergava a oportunidade de, pela primeira vez, disputar uma final de Estadual.

A defesa adversária com Toninho e Vágner era quase intransponível. Só para variar, Neto entrou na segunda etapa. Só que dessa vez no lugar do atacante Paulo Martins. A ideia de Cilinho era explorar os chutes de longa distância. Mas o placar não saiu do zero e a emoção toda ficou para o final de semana seguinte.

Domingo, 23 de agosto, mais de 90 mil torcedores invadiram as dependências do estádio do Morumbi. Quem vencesse passaria para a grande decisão. A partida começou pegando fogo e, logo aos dois minutos, Müller fez o primeiro do São Paulo. O Palmeiras não desistiu: poucos minutos depois, Mirandinha foi derrubado pelo volante Bernardo. Pênalti! Edu cobrou no canto de Gilmar e deixou tudo igual. O jogo seguiu quente e os são-paulinos foram ao delírio quando Müller, inspirado, recolocou o Tricolor em vantagem. O árbitro Roberto Nunes Morgado apitou o fim do meio tempo. Todos foram apreensivos para os vestiários.

No tempo complementar, o São Paulo aproveitou bastante para contra-atacar com Lê e Edivaldo. Mas, aos 27 minutos, Müller sentiu uma fisgada na coxa. Cilinho preferiu poupá-lo e lançou a campo Neto. Era a chance de uma vida. Não deu outra. Oito minutos depois, falta em Pita na intermediária. E lá foi o caipira de Santo Antônio de Posse para a cobrança. A bola saiu fraca, mas surpreendentemente passou por baixo das pernas do goleiro Zetti.

> **"Foi um frangaço! Ainda bem que aquilo nunca atrapalhou a carreira dele como grande goleiro. Agora que foi feio, foi."** *(Neto)*

Com esse gol, Neto apareceu em todas as manchetes esportivas do País. Só que, ironicamente, como coadjuvante. A estrela principal era o goleiro palmeirense e sua incrível falha. Por sinal, o resultado de três a um selou a esperança verde de chegar à final. Agora o São Paulo seguia motivado para encarar o Corinthians, que havia eliminado o Santos na decisão. Como sempre, os clássicos contra o Timão eram extremamente disputados. Naquele tempo, o empate era o placar mais repetido.

O primeiro jogo da final do Paulistão de 1987 já estava agendado para a quarta-feira seguinte. O local era o mesmo Cícero Pompeu de Toledo. Os corinthianos, por sinal, eram maioria nas arquibancadas. A parte técnica do duelo ficava por conta de Pita, Silas, Éverton e Edmar. Já quem gostava de raça admirava figuras como Bernardo e Biro-Biro.

Na base da paciência, o Tricolor venceu o primeiro jogo por dois a um, com gols de Edivaldo e Lê. O ponta João Paulo diminuiu a amargura da Fiel. Neto entrou no finalzinho. Teve tempo apenas para alguns lançamentos. Só isso.

A festa ficou para a tarde do domingo, dia 30 de agosto. Um clássico "Majestoso" decisivo para cerca de 120 mil espectadores. Os são-paulinos confiavam na força daquele timaço apelidado de "Menduís". Desconfiada, a Fiel ainda acreditava. O Timão precisava da vitória. O empate favorecia a equipe de Cilinho. Foi o que aconteceu: um jogo sem gols e a garantia do 14º troféu estadual da história do São Paulo.

> **"Lembro que morava no alojamento dentro do Morumbi. Quando acabou o jogo, fomos para o refeitório jantar. Depois me arrumei e fui para a festa no Gallery. Fiquei bebendo até de madrugada."**
> *(Neto)*

Depois da festa a diretoria começou a reformular o elenco campeão para a disputa da Copa União (torneio organizado pelo Clube dos 13 para substituir o Brasileirão). Havia interesse na permanência de Neto. Foi feita inclusive uma proposta oficial por 100% do passe. Mas Leonel Martins de Oliveira pediu 15 milhões de cruzados, valor considerado altíssimo para a época. Os dirigentes são-paulinos acabaram desistindo.

> **"Tirando o Corinthians, o São Paulo foi outro clube com que me identifiquei demais. Sempre foi imbatível em organização e estrutura de trabalho."** *(Neto)*

Pelo Tricolor o meia-esquerda atuou em 32 partidas e marcou cinco gols, sendo três pelo Paulista, um pela Libertadores e outro em um amistoso internacional.

DEPARTAMENTO DE FUTEBOL PROFISSIONAL

DATA 23 DE agosto DE 1987

RELATÓRIO DO JOGO

SÃO PAULO FUTEBOL CLUBE x S.E. PALMEIRAS

QUADRO: Profissional

JOGO Campeonato TURNO Semi-final

1.º TEMPO 2 x 1

2.º TEMPO 1 x 0

FINAL: 3 x 1

LOCAL: Estádio Cícero Pompeu de Toledo - Morumbi

HORA: 16 hs.

TEMPO: bom

ÁRBITRO: Roberto Nunes Morgado

REPRESENTANTE:

SE PALMEIRAS	SUBST.	TENTOS	SÃO PAULO FUTEBOL CLUBE	SUBST.	TENTOS
Zetti			Gilmar Luiz Rinaldi		
Ditinho			José Teodoro Bonfim Queiroz		
Toninho			Adilson ~~Gomes~~ José Pinto		
Vagner			Alfonso Dario Pereyra Bueno		
Renato	A		Bernardo Fernandes da Silva		
Gerson Caçapava			Nelson Luis Kerchner		
Carlos A. Borges			Luiz Antonio Correa da Costa	A	2
Edú		1	Paulo Silas do Prado Pereira		
Juninho			Ronaldo Francisco Lucato		
Mirandinha			Edivaldo Oliveira Chaves		
Mauro	B		Edivaldo Martins da Fonseca		
Diogo	A		José Ferreira Neto	A	1
Marcelino	B				

Observações: Marcadores: Luiz Antonio Correa da Costa, aos 2' Edú (Penalti) aos 10', Luiz Antonio Correa da Costa, aos 22' do primeiro tempo. José Ferreira Neto aos 35' do segundo tempo.

Cartão amarelo: Edivaldo Martins da Fonseca - Bernardo Fernandes da Silva e Ronaldo Francisco Lucato.

RENDA: - Bruta: Cz$ 8.091.320,00 p'ublico 83.192 pagantes e 6341 menores

Técnico: Octacilio Oliveira Pires de Camargo

S.P.F.C. - MOD. 76 - 50 BLS. 100X1 - 4/86

1 Admiração e respeito pelo São Paulo

2 Com o médico Marco Aurélio no São Paulo em 1987

Na página anterior: súmula da semifinal contra o Palmeiras. A grande partida de Neto pelo Tricolor *(gentilmente cedido pelo São Paulo Futebol Clube)*

5

DO MORUMBI PARA O MUNDO

Com o primeiro título na bagagem, Neto deixou o São Paulo. Foi o momento profissional mais difícil de sua carreira até então. Poderia ter sido melhor se houvesse mais oportunidades.

> **"Não estourei no São Paulo porque cheguei a pedido do Pepe. Sabia que com ele iria jogar. Mas, depois que o Cilinho entrou, ficou difícil."**
> *(Neto)*

Na volta para Campinas, a atitude esperada. O presidente do Guarani não o queria no clube. E encaixou um estranho empréstimo para o Bellinzona, time da primeira divisão da Suíça. Era a chance de atuar no futebol europeu e levantar um bom dinheiro. Mas não foi bem isso que aconteceu.

"Até poderia ter sido uma boa. Segundo o Leonel, saí daqui com o negócio fechado. Mas lá os caras me mandaram fazer uns testes pra me avaliar. Para, vai! Fiquei puto, peguei minhas coisas e voltei para o Brasil." *(Neto)*

Leonel Martins foi duro. Não queria Neto no Brinco de Ouro. Com contrato em vigência, mas sem clube para jogar, ele foi morar com a família no apartamento em Campinas. Na época ex-diretor de futebol bugrino, Beto Zini contou que a grana ficou curta do dia para a noite.

> "O Neto me ligou dizendo que estava passando por dificuldades. Acabei ajudando, lógico!" *(Beto Zini, diretor de futebol do Guarani em 1987)*

Após um polêmico vice-campeonato da Copa União, que até hoje gera muita disputa entre Sport e Flamengo pela Taça das Bolinhas, os conselheiros do Guarani resolveram agir. E marcaram eleições para o final do ano. Na situação, Leonel, já há quatro anos na presidência, disputaria o cargo com seu diretor Beto Zini. A votação foi acirrada. Contudo prevaleceu o desejo de mudança e Luiz Roberto Zini foi eleito o novo mandatário do clube. Seriam dois anos de mandato.

> "Quando o Neto estava parado, ele [Beto] fez até compras para nós. Não poderia ter acontecido coisa melhor do que ele ter sido eleito. Levou meu filho de volta ao Guarani."
> *(Maria Aparecida dos Santos, mãe do Neto)*

A temporada de 1988 começou com muitas novidades no Brinco de Ouro. O novo presidente tratou de fazer um trabalho de reestruturação geral no clube. A maioria dos funcionários ligados ao antecessor foi demitida. O novo corpo diretivo, também reformulado, iniciou o trabalho reforçando a organização das categorias de base e contratando um novo técnico para o time de cima. O experiente Carbone foi o escolhido. Ele teria a missão de conduzir um elenco de bons nomes, como o goleiro Sérgio Nery e o rápido ponta João Paulo.

Aos 21 anos Neto foi reintegrado ao elenco. Sentia-se na obrigação de retribuir a ajuda do agora presidente Beto Zini. Começaria a disputa de mais um Paulistão.

> "Ninguém questionava a qualidade técnica do Neto. O problema é que ele sempre foi muito mimado no Guarani. Acho até que demorou para se firmar como craque por causa disso."
> *(Carbone, técnico do Guarani em 1988)*

O Bugre estreou na competição com um empate sem gols contra o União São João em Araras. Entretanto, no jogo seguinte, em casa, o Guarani aplicou uma estrondosa goleada no Botafogo de Ribeirão por cinco a zero. E nesse ritmo positivo o time de Carbone seguiu rumo à inédita conquista. Tiveram vitórias impiedosas, como dois placares seguidos de três a zero. O primeiro contra o poderoso São Paulo, em pleno Morumbi, que deu confiança à equipe. O jogo posterior, com o Noroeste, teve boa participação do meia-esquerda. Ele acertou uma bola na trave e deu uma bela assistência de calcanhar para o companheiro Pedrinho marcar. Aos poucos Neto readquiria sua melhor condição física e técnica.

Quem sofreu com isso foi a Portuguesa, que vinha mal na competição. O Guarani se distribuía em campo com um balanceado 4-3-3. O toque de bola era fluente no meio-campo com Paulo Isidoro e Boiadeiro. Neto caía mais pelo lado esquerdo, enquanto o centroavante Toni fechava na área.

O primeiro gol saiu aos 30 minutos. Boiadeiro lançou para Toni, que sofreu falta da intermediária do lado direito. Neto cobrou com um efeito incrível e a bola morreu no fundo da rede. Sem nenhuma chance de defesa para o goleiro Serginho. Na etapa final, em um lance bem parecido, o camisa 10 ampliou. Também de falta. No mesmo canto e com o mesmo efeito. Antes do apito final, Toninho diminuiria em falha de Sérgio Nery.

No dia seguinte as manchetes eram quase as mesmas: "Neto liquida a Lusa!".

> "Lembro desse jogo com a Lusa. O Neto fez dois gols bem parecidos. Treinava demais. Por isso tinha esse aproveitamento."
> *(Barbieri, meia-direita do Guarani nos anos 1980)*

Entre muitas vitórias e pouquíssimas derrotas, o Guarani se classificou para as semifinais como segundo colocado do grupo B. O regulamento dizia que a fase seria organizada em duas chaves com quatro equipes cada uma. Todos contra todos dentro dos grupos em jogos de ida e volta. Os dois melhores de cada lado fariam a grande final.

RACHA NO GRUPO E EXCESSO DE CONFIANÇA

Considerada a equipe mais técnica do campeonato, o Guarani seguia forte para a fase seguinte. Teria pela frente um grupo com Inter de Limeira, São José e XV de Jaú. Coincidentemente, do outro lado ficaram as quatro maiores potências do futebol do Estado.

O primeiro jogo do Bugre nessa caminhada foi fora de casa contra o São José. Uma ducha de água fria. Derrota por dois a zero. As coisas não seriam tão fáceis como a torcida imaginava.

Três dias depois, contra o XV de Jaú, Carbone posicionou a equipe de forma ofensiva. Apesar da forte retranca, Neto abriu o caminho da vitória com outro gol de falta. Careca Bianchesi ainda ampliou e definiu o primeiro bom resultado dos campineiros nesta reta final.

Na semana seguinte, dia de coletivo para definir a equipe titular que pegaria a Inter. O comandante exigia maior participação dos meias na marcação dos adversários. Sobretudo quando estivessem com a posse da bola. Assim, o treinador passou a dar oportunidades para alguns reservas. Na segunda metade do treino, ele substituiu Neto por Pedrinho. Pelo menos tentou. A irritação foi instantânea: Neto não aceitou a troca, jogou o colete no chão e passou a ofender o treinador. Carbone não se conteve:

— Você não muda mesmo, hein, bobão?

Revoltado, Neto revidou:

— E você não entende merda nenhuma de futebol! Vai se foder!

Não teve conversa. Neto não viajou para Limeira. Foi cortado da delegação por indisciplina. Diante de tudo aquilo, o experiente volante Paulo Isidoro ficou do lado do treinador. Pronto. Estava rachado o elenco. Conflitos internos começaram a aparecer.

> **"Cheguei com a mala para viajar para Limeira. Mas me disseram que eu estava cortado. Quando estava indo embora, o Beto Zini me chamou e disse que eu jogaria."** *(Neto)*

A atitude do presidente revoltou o técnico Carbone, que de última hora se desligou do clube.

> "Tentei convencer o Carbone a aceitar o Neto de volta. Era o melhor jogador do time. Usei o argumento de que precisávamos ficar unidos. Mas ele não queria saber. Disse que era o Neto ou ele. Eu disse então que ele estava fora." *(Beto Zini, presidente do Guarani em 1988)*

Na intenção de apurar a verdade dos fatos, Beto Zini convocou uma reunião com o grupo de jogadores no saguão do hotel. A conversa durou cerca de três horas. O principal assunto era a permanência ou não do Neto no time. Paulo Isidoro novamente era contrário à reintegração. Ele achava o "companheiro" folgado e mal-educado.

> "O Paulo Isidoro não queria o Neto. Mas a maioria queria. Ele decidia muitos jogos. Só que tinha que se enquadrar nas regras do grupo." *(Barbieri, meia-direita do Guarani nos anos 1980)*

Em Limeira, por volta das 14h, eis que surge no hotel o técnico Carbone. Com um ar bem mais sereno, ele reassumiu a função. No final das contas, o Guarani venceu o jogo por dois a um. Curiosamente com gols de Neto e do desafeto Paulo Isidoro.

Na última rodada das semifinais, o Bugre assegurou a vaga para a decisão com uma vitória magra contra o São José. O adversário seria o Corinthians.

> "Fomos comemorar a classificação no Bar do Cláudio, no centro de Campinas. E depois de uns chopinhos a mais, o Neto veio me abraçar chorando. Ali pude ver a sensibilidade dele. Foi um gesto bonito." *(Carbone, técnico do Guarani em 1988)*

Domingo, 24 de julho de 1988, estádio Cícero Pompeu de Toledo. Milhares de corinthianos se espalhavam pelos largos anéis de arquibancadas. As diferenças entre as duas equipes eram visíveis. O Guarani se destacava pela grande capacidade técnica de seus jogadores. Principalmente de meio-campo. Já o Timão, como sempre, baseava-se na raça.

O equilíbrio marcou o começo do primeiro confronto. Duelo de muita marcação e pouca criatividade. Os goleiros trabalhavam pouco. O zero a zero parecia ser o destino dos primeiros 45 minutos. Mas a poucos segundos do apito do árbitro, Careca Bianchesi pegou a bola pela direita, esperou Marquinhos passar na corrida, cortou para dentro e cruzou na área. Diante de olhos fixos de mais de 80 mil pessoas, Neto, sem muito espaço, acertou uma ousada e surpreendente bicicleta. Não teve como o goleiro Ronaldo defender. Uma pintura de gol.

— Eu sou foda! Eu sou foda! Eu sou foda!

Essa era a única frase que ecoava da boca do rapaz. O lance calou o estádio. Deixou todos de queixo caído. O que se viu ali foi uma obra-prima do futebol.

> "Foi sem dúvida um dos lances mais geniais que tive a oportunidade de narrar. O Neto sempre foi um gênio da bola."
> *(Luciano do Valle, narrador esportivo)*

Na volta do intervalo, o Timão entrou com tudo. Foi pra cima mesmo. O técnico Jair Pereira colocou o jovem Viola no lugar do volante Edmundo. O Guarani ficou acuado. O atacante aspirante do time corinthiano se movimentava com intensidade. Confundia a marcação. Até que aos seis minutos João Paulo cobrou escanteio e Edson escorou para empatar. Delírio da torcida alvinegra. Na base do entusiasmo os corinthianos buscavam a virada.

Sob o comando de Paulo Isidoro, o Bugre colocou a bola no chão e jogou de maneira cadenciada. Passou a explorar apenas os contra-ataques pela direita com Careca. Em contrapartida o Corinthians vinha pela esquerda. Era lá e cá. Deu tempo ainda de o próprio Careca perder um gol incrível. Os deuses do futebol preferiram reservar as emoções para o segundo jogo.

Mesmo assim, na segunda-feira os jornais do mundo todo destacavam o gol de bicicleta do jovem meia do Guarani. Noticiários internacionais como CNN e BBC passavam o feito do atleta brasileiro. Em questão de minutos o caipira de Santo Antônio de Posse se transformava em celebridade nacional.

A semana que se seguiu foi um prato cheio para a imprensa esportiva. Todos colocavam o Guarani como favorito para ficar com o título do Paulistão. Ainda mais porque atuaria em casa com a força da torcida e teria em campo o astro Neto.

— O Guarani tem a minha cara: um time técnico fascinado pelo gol.

Essa foi uma das declarações do jogador dadas à imprensa pouco antes da final. Já se falava também de uma promessa da diretoria de que Neto teria um reajuste salarial após o título. Todos em Campinas tinham convicção da vitória. O próprio elenco tirou fotos para um jornal da região com pose de campeão.

Mas ainda faltava uma partida.

Domingo, 31 de julho de 1988. Estádio Brinco de Ouro completamente abarrotado. Quase não dava para respirar. Era a primeira decisão de Estadual do Guarani em 77 anos de história. O semblante de tranquilidade dos bugrinos contrastava com o nervosismo do atacante Viola, que pela primeira vez seria titular da equipe da capital.

Suspenso, Jair Pereira não comandaria a equipe no banco de reservas. Para a tarefa foi "escalado" o preparador físico Cláudio Café, que com um radinho ficava em constante contato com o treinador. Nos camarotes, Jair acirrava o clima de guerra.

— Se eles apelarem, vamos revidar. Aqui ninguém vai ser santinho não, porra!

O jogo começou quente. Os alvos dos bicos das chuteiras eram normalmente as canelas dos pontas João Paulo e Paulinho Carioca. Um empate daria o título ao Guarani pela melhor campanha durante todo o campeonato. Vendo seu time ser pressionado, Carbone voltou para o segundo tempo pedindo mais agressividade aos atacantes. Só que as defesas não deram mole e o placar ficou no zero a zero. Para nervosismo dos corinthianos, a partida se encaminhou para a prorrogação. Só que ali os donos da casa sofreriam o primeiro baque psicológico.

1 Neto em entrevista no gramado do Morumbi

2 Gol de bicicleta no primeiro jogo da final do Paulistão de 1988

"Tirei o Neto porque ele estava cansado. Queria dar ritmo à partida. Ele me xingou e jogou a camisa no meu rosto. Por pouco não vou pra cima dele. Todos ficaram assustados."
(Carbone, técnico do Guarani em 1988)

Logo aos cinco minutos, Wilson Mano arriscou um chute despretensioso da intermediária. A bola saiu torta. Ia para fora. Mas foi aí que apareceu a estrela de Viola, que colocou o pé esquerdo na bola e fez o gol do título. Arnaldo Cézar Coelho apitou o final do jogo e o Corinthians se sagrou mais uma vez campeão paulista. Muita tristeza no lado verde de Campinas.

"Foi uma grande injustiça. Nosso time era bem melhor. Mas eles deram sorte e venceram. Não adianta mais chorar."
(Barbieri, meia-direita do Guarani nos anos 1980)

Neto até hoje não esquece o som daquele apito melancólico.

"Ainda sonho com aquela final. Juro por Deus! Faltou humildade. Fiquei sabendo que a diretoria já tinha uma baita festa armada. Mandaram até imprimir os convites." *(Neto)*

Ficou claro que faltou espírito de decisão ao Guarani e sobrou determinação ao Corinthians. Foi uma prova clara de que muitas vezes a força pode superar a técnica.

"Fomos derrotados, é verdade. Mas o Guarani era infinitamente superior. Não conseguia entender aquele resultado. Foi o mais doloroso pra mim."
(Beto Zini, presidente do Guarani em 1988)

SEMESTRE OLÍMPICO

O futebol profissional do Guarani fechava para um período de férias com uma novidade. Neto estava convocado para defender a Seleção Brasileira nos Jogos Olímpicos de Seul, na Coreia do Sul. Isso significava que o Guarani perderia seu principal jogador para as primeiras partidas do Brasileirão de 1988.

Logo na estreia, uma vitória sobre o Goiás, com gol de Pedrinho Maradona, acalmou um pouco o ânimo da torcida, que clamava pelo retorno do ídolo. Por sinal a campanha sem ele vinha sendo muito boa. Time invicto. Em seis rodadas, quatro vitórias e dois empates.

Com a medalha de prata no peito, Neto retornou no empate contra o Atlético Paranaense. Ele foi o autor do único gol bugrino na partida. Mas a campanha no torneio foi um fracasso: um 14º lugar triste e sem graça. A reformulação no elenco parecia inevitável.

> "Não tinha como segurar aquele time muito tempo. Estava desgastado e muito valorizado individualmente."
> *(Beto Zini, presidente do Guarani em 1988)*

O PESO DA CAMISA

Com a palavra, Beto Zini (ex-presidente do Guarani)

"Fizemos no Campeonato Paulista de 1988 uma excelente campanha. Em 35 jogos, vencemos 25 e perdemos apenas três. Nosso elenco era de altíssimo nível. Desde o goleiro, Sérgio Nery, passando pelo miolo de zaga, com o Ricardo Rocha e o Bacharel, até o melhor meio-campo do País, com Paulo Isidoro, Boiadeiro e Neto.

E o nosso camisa 10 vinha em grande fase. Marcava gols e decidia muitos jogos pra gente. Mas sua irreverência de adolescente às vezes atrapalhava. Direto ele entrava em atrito com colegas de time.

Quando chegamos na final, desci ao vestiário antes da preleção e falei para todos:

— O prêmio pela conquista será rateado totalmente entre vocês. Tostão por tostão.

Aquela grana dava para cada um comprar um carro zero tranquilamente. Antes de sair de lá ainda ressaltei a importância do título para o clube. Aliás, se jogassem o que vinham jogando, dificilmente o troféu escaparia.

Mas notei tensão no olhar do Carbone. Ele fumava e não parava de se movimentar. Fui falar com ele reservadamente. Ele disse que estava com a ideia de sacar o Neto da equipe titular. Pediu minha opinião. Mas, antes de me pronunciar, o Bacharel antecipou:

— É melhor sair com essa molecada 'abusada' agora do que com os velhos que nunca ganharam nada na carreira.

Enfim, os garotos Neto e Evair entraram em campo. E jogaram razoavelmente bem durante os 90 minutos. Mas, na prorrogação, o pessoal ainda se refrescava quando o treinador disse que tiraria o Neto para colocar o Bianchesi. O Neto ficou puto!

— O quê? Você tá louco? Estou esperando por isso há um tempão, pô! Vou ficar! E joga a bola em mim que vou arrebentar!

Mesmo assim, não teve jeito. Carbone o tirou. Naquele momento o Neto arrancou a camisa e jogou no rosto do técnico. Foi um Deus nos acuda! Corre daqui, segura dali. Aí já subimos para campo desestabilizados emocionalmente. Mas isso não foi fundamental. Pra mim a camisa pesa demais e o Corinthians teve sorte com aquele gol do Viola."

6

NA TOCA DO LEÃO

Depois de brilhar e fazer uma excepcional campanha na temporada de 1988, o presidente Beto Zini resolveu aliviar a alta folha de pagamento do clube. Negociar alguns dos jogadores poderia ser uma solução. Foi então que surgiu a possibilidade de vender Neto para um grande clube da capital paulista.

Após um dos treinos físicos no Brinco de Ouro, o cartola chamou o jogador para um jantar. Estava prestes a fazer uma revelação importante.

— Dê um pulo lá em casa para jantarmos. Tenho uma notícia interessante pra você.

Neto mal sabia que acabava de ter o passe negociado com o Palmeiras. Curiosamente, o meia quase foi parar no Palestra Itália alguns anos antes, em 1985, quando o diretor Aldo di Mauro tentou com insistência o acordo.

> **"Quando cheguei à casa do Beto, ele foi curto e grosso. Comunicou que eu e o Careca Bianchesi tínhamos sido vendidos para o Palmeiras. Fiquei feliz da vida!"** *(Neto)*

Beto Zini disse que o nome dos dois teria sido indicado pelo técnico Emerson Leão. Na transação, além de algumas centenas de milhões de cruzados, o Verdão cedeu o ponta Tato para o Bugre.

> "Ele nos foi ofertado e gostei da ideia. Pela esquerda, com a canhota, era genial!" *(Emerson Leão, técnico do Palmeiras em 1989)*

A felicidade era imensa. Neto correu para o alojamento para contar aos amigos. Depois deu um pulo no apartamento para avisar a família. Naquele instante já sonhava novamente com a oportunidade de brilhar em um grande clube do País.

Passada a euforia, no dia seguinte ligou para a noiva Ana, que ainda morava com os pais em Santo Antônio de Posse. Além da oportunidade, Neto se viu com alguns milhões no bolso referentes aos 15% a que teria direito pela venda. A mãe Cida nunca escondeu um pressentimento esquisito, mas positivo.

> "Sonhei dois dias antes que ele tinha sido contratado por um time grande. Até falei isso pra ele. Não deu muita bola na hora, mas depois lembrou." *(Maria Aparecida dos Santos, mãe do Neto)*

O acerto do contrato foi assinado na sala da presidência do Palmeiras. Estavam presentes o próprio presidente Carlos Facchina Nunes, os diretores Márcio Pappa e Nicola Racioppi, além do técnico Leão. Naquele instante, o amor pelo rival Corinthians, time de infância, estava sendo deixado de lado. Era o momento de se tornar um jogador profissional de futebol, que vive em função do clube que lhe paga o salário.

Tudo indicava que a partir dali o meia-esquerda voltaria a brilhar intensamente. Queria provar seu valor de maneira consistente. O que para o Palmeiras era interessante, já que não vencia nada de expressão desde o Paulistão de 1976.

No início de janeiro de 1989, ele já embarcou com a delegação "verde" para a cidade de São José dos Campos, onde deveria ter início a pré-temporada. Percebeu que sofreria com o forte temperamento do comandante.

> **"Era um absurdo! No refeitório ele separou o grupo em duas partes. Os que tinham tendência pra engordar, como eu, Gaúcho e o Caçapa, se lascavam."** *(Neto)*

A rigidez de Emerson Leão com a turma considerada fora de forma ficava evidente a cada dia. A cada treinamento.

> "O Leão sempre deixava um cara vigiando a balança. Mas o Neto sempre chegava cedo, se pesava rápido e corria para o campo. E não é que o Leão ia buscá-lo para ver a marca pessoalmente?"
> *(Gaúcho, centroavante do Palmeiras em 1989)*

O preparador físico era Inaldo Alves, famoso no meio esportivo pelo rigor e também pelos métodos peculiares de manter a forma física dos atletas. Um deles era utilizar coletes de borracha presos à pele.

> "Realmente os conceitos do Leão em 1989 eram mais antiquados que os da década de 1920. Particularmente, achava ele cru para dirigir o time. Mas, como ele iniciou bem o trabalho, não tinha o que questionar." *(Márcio Pappa, diretor de futebol do Palmeiras em 1989)*

Todo o "terrorismo" imposto nas concentrações com questões como alimentação e horário não surtia o efeito desejado pela comissão técnica. As refeições, por exemplo, só deveriam ser feitas nos horários preestabelecidos e só com o que estava descrito no cardápio. Não era bem o que acontecia.

"Aquilo não adiantava nada. O pessoal pulava o muro do hotel e ia comer no McDonald's do shopping. Uma vez o Leão pegou uma batatinha no quarto do Zanata. [O jogador] Acabou mandado embora." *(Denys, lateral do Palmeiras em 1989)*

Treinamento puxado em três períodos. O primeiro começava sempre às 7h45. Até por serem os líderes da caixinha, a dupla Neto e Denys era sempre a primeira a chegar ao clube. Tomava café na padaria em frente ao Palestra.

"Um dia fomos da padaria direto para o treino. Quando pisamos no gramado, o Denys soltou um arrotão. Pra quê? O Leão ouviu e deu uma dura monstra nele. Humilhou o cara." *(Neto)*

Aliás, o lateral aproveita para entregar os companheiros que não cumpriam habitualmente com os horários.

"O Edu era sacanagem! Chegava atrasado direto. Engordou nossa caixinha de maneira considerável." *(Denys, lateral do Palmeiras em 1989)*

SAI NETO, ENTRA... QUALQUER UM!

O Campeonato Paulista daquele ano contou com algumas mudanças no regulamento. A mais radical talvez seja a relacionada aos empates sem gols. Eles forçavam uma disputa de pênaltis. O vencedor ficaria com um ponto. Para o perdedor, nada. Como na época o vencedor do jogo somava apenas dois pontos, outra novidade foi a implantação dos três pontos para a equipe que fizesse três ou mais gols de diferença sobre o rival.

O Verdão estreou no torneio com uma vitória tranquila sobre o Noroeste por dois a zero. O elenco unia jovens como Neto e Edu Manga a jogadores experientes como Dario Pereyra e Edson Abobrão, ex-Corinthians. Só que o bom desempenho da equipe não combinava com a insatisfação do menino da camisa 11.

> **"Ele me substituía em todas as partidas. Não importava como estava o jogo. Bem ou mal, eu era o primeiro escolhido para sair. Aquilo me deixava louco da vida!"** *(Neto)*

> "A condição física do Neto caía demais no segundo tempo. Por mais que ele se zangasse, era o que tinha que ser feito para a equipe não decair." *(Emerson Leão, técnico do Palmeiras em 1989)*

A renovada equipe palmeirense estava entrosada. Ganhou corpo. Naquela altura já despontava como uma das grandes favoritas ao título. A campanha da primeira metade do Estadual foi excelente. Em 11 partidas, sete vitórias. Sendo que, em quatro delas, conquistou os três pontos por ter goleado o adversário. Quem acompanhava o time do Leão em campo via um grupo quase imbatível. Logo no primeiro dérbi do returno, uma vitória imponente sobre o Corinthians: dois a zero. Com direito a gol de cabeça de Neto para abrir o placar. O segundo, do atacante Gaúcho, saiu de um cruzamento magistral do meia-esquerda.

O fim do jejum na verdade era questão de tempo. Mas, internamente, o ambiente do clube não era nada agradável. Em uma partida contra o Santo André, na reta final da fase de classificação, tudo ficou mais claro.

> **"Vinha jogando bem e ele me tirou de novo. Subiu o sangue e mandei o Leão tomar no cu. Já no vestiário ele veio na minha direção e disse que me daria um soco na cara. A partir dali o nosso trabalho não dava mais liga."** *(Neto)*

O diretor Márcio Pappa, um dos grandes responsáveis pela formação daquele elenco, comenta o polêmico desentendimento.

"Realmente o Leão queria agredir o Neto. Tive que intervir. Se naquele dia ele encostasse a mão no Neto, eu o demitiria na hora." *(Márcio Pappa, diretor de futebol do Palmeiras em 1989)*

"A verdade é que o Neto não tinha disciplina. Foi muito mimado no Guarani e não aceitava comando. Tanto é que sempre teve problemas com seus treinadores." *(Emerson Leão, técnico do Palmeiras em 1989)*

Com o fim da primeira fase, o Palmeiras só reforçou sua condição de favorito absoluto ao título. Uma campanha simplesmente irrepreensível. Em 21 jogos, foram 13 vitórias e oito empates. Nenhuma derrota. Líder invicto da competição. A partir dali os 12 melhores colocados se dividiriam em quatro chaves de três times cada. Com jogos de ida e volta. Detalhe: o regulamento voltaria a ser o dos tradicionais dois pontos por vitória e um pelo empate. O Verdão caiu em um grupo teoricamente fácil, com os pequenos Bragantino e Novorizontino.

Os alviverdes abriram a nova fase com um empate sem gols contra o time de Novo Horizonte. No duelo seguinte, superaram o Bragantino por dois a zero. Há 23 jogos sem perder, conquistaram a taça dos invictos. Só que o pior estava por vir.

Sábado, 10 de junho de 1989. Público recorde para Bragantino e Palmeiras nas pequenas instalações do estádio Marcelo Stéfani. Quem vencesse passaria para a final. O empate era do Verdão. No time de Bragança Paulista, os destaques eram o lateral Gil Baiano, o volante Mauro Silva e o meia Alberto.

"Lembro que, logo no começo do jogo, cobrei uma falta que passou perto. O goleiro tirou com a ponta do dedo." *(Neto)*

Apesar da equipe equilibrada, ninguém apostava no Braga para aquele confronto. Mas o improvável aconteceu. Zebraça! Três a zero para o time do interior, gols de Gil Baiano, Galo e Zé Rubens. Era difícil de acreditar que a forte equipe do Palmeiras estava eliminada do Paulista.

> **"Fizemos uma baita campanha em 1989. Perdemos um jogo e caímos fora. Uma injustiça! Foi um dos times mais técnicos em que já joguei."**
> *(Neto)*

> "Credito a eliminação à implicância do Leão com os jogadores. Principalmente com Dario Pereyra, que estava em fim de carreira. O Neto até que assimilou bem as broncas do Leão."
> *(Márcio Pappa, diretor de futebol do Palmeiras em 1989)*

Após a eliminação, Neto foi novamente chamado na sala da presidência. Só que dessa vez para receber uma péssima notícia. Ao lado de Nicola Racioppi, Leão comunicava o desligamento do craque do clube. Ele acabava de ser envolvido em uma negociação com o arquirrival Corinthians. Troca simples de dois por dois. Além dele, iria para o Parque São Jorge o amigo Denys. Viriam Ribamar e o lateral Dida.

> "Não tinha como o Neto ficar. Ele só brigava e tumultuava."
> *(Emerson Leão, técnico do Palmeiras em 1989)*

> **"Foi um dos dias mais tristes da minha vida. Não queria sair. Me humilharam falando que não podia mais pisar no Palestra. Pra falar a verdade, o Leão me arrebentou emocionalmente. Foi um Hitler comigo. Não se faz aquela pressão psicológica com um garoto de 22 anos."** *(Neto)*

Na Itália, o diretor Márcio Pappa ficou sabendo da notícia do desligamento de Neto do Palmeiras. Sem tempo de agir, apenas lamentou a perda.

> "Estava em Bari acertando a venda do Gerson Caçapa. O Nicola me ligou dizendo que tinha acertado a troca do Neto com o Corinthians. Tentei voltar para desfazer o negócio. Mas já era tarde."
> *(Márcio Pappa, diretor de futebol do Palmeiras em 1989)*

Em sua passagem pelo Palestra Itália, Neto vestiu a camisa do Palmeiras em 26 oportunidades e marcou quatro gols.

Neto ao lado do treinador Emerson Leão no dia da assinatura de seu contrato com o Palmeiras

FEIO NA FOTO

Com a palavra, Denys (ex-lateral do Palmeiras)

"A maior vergonha que uma pessoa pode passar é quando alguém dá uma de gostoso e fica te olhando por cima. O Leão era assim. Um dia nós estávamos treinando cobranças de escanteio. O Neto centrava a bola para o Gaúcho cabecear. Muitas repetições.

Em uma delas a bola ainda viajava quando o Gaúcho deu uma cotovelada no rosto do Murilo, zagueiro que fazia a marcação na área. Acho que o Gaúcho ficou meio puto com a marcação, sei lá! O rosto do Murilo inchou na hora.

Pronto! Era o que faltava para o Leão reunir todo o mundo no meio-campo e dar uma sonora bronca. Mas, para a surpresa de todo o mundo, em vez de falar com a gente, ele foi até a arquibancada na direção do único fotógrafo que cobria o treinamento. Aliás, naquele momento tinha pouca gente da imprensa, pelo horário exagerado do treino (por volta das 7h45).

Ficou conversando com o cara alguns minutos. Dava pra ver o rapaz meio indignado com o que estava ouvindo. Mas, depois da conversa, lá veio o Leão em nossa direção. A essa altura o Gaúcho já tinha até pedido desculpas para o Murilo. Todo o mundo estava tenso com a reação que ele poderia ter. Com ar arrogante, disse:

— Estão vendo, seus babacas! Se não sou eu para pegar o filme, amanhã todos ficariam sabendo dessa cotovelada. Diriam que o Palmeiras está rachado. Que ninguém gosta de ninguém aqui.

Na manhã do dia seguinte, todos os jornais estampavam na capa a tal foto da cotovelada. Aliás, com momentos detalhados do "golpe". Desde a bola saindo do escanteio até o rosto inchando. Não adiantou de nada o discurso politicamente correto do Leão. O fotógrafo foi malandro e trocou os filmes antes que ele visse. Compramos todos os jornais da banca perto do Palestra e demos muitas risadas."

UM DIVISOR DE ÁGUAS

Com a palavra, Ribamar (ex-meia de Corinthians e Palmeiras)

"Olha como são as coisas... Sempre fiz parte da vida do Neto sem sequer ter conversado com ele. Lembro que, na década de 1980, eu era uma realidade do futebol brasileiro. Tinha sido campeão brasileiro no Sport em 1987, estadual no ano seguinte e posteriormente acabei negociado com o Corinthians. O Neto, que ainda era uma promessa, saiu do Guarani para ir ao Palmeiras. Mas a relação dele com o Leão era complicada. Brigavam toda hora. Não teve sintonia.

Foi quando surgiu a oportunidade da troca de Dida e eu pelo Neto e o Denys. Troca pura e simples, de dois por dois. Na ocasião, minha contratação foi pedida pelo próprio Leão, já que tínhamos boa relação dos tempos que trabalhamos juntos no Sport.

Com o sucesso do Neto no Corinthians, meu nome virou motivo de muitas brincadeiras injustas. Sou pai de família e um homem íntegro. Não achei bacana a forma como parte da imprensa tratou o tema. Até porque outros dois jogadores também participaram da troca. Mas, ainda assim, nada disso abalou minha vida. Segui minha carreira e só parei de jogar em 1994 por causa de uma cirurgia que tive de fazer na coluna. E olha que até tinha propostas de fora do País.

Hoje sou empresário e cuido da minha escolinha de futebol em Curitiba. Assim consigo levar minha vida. Tenho até saudades daquela época, mas com consciência plena de que sempre fiz o que era correto. Se o Neto faz sucesso até hoje, é porque merece. Não tenho nada a ver com isso."

7

CORINTHIANS, A CONSAGRAÇÃO

A saída do Palestra Itália foi muito dolorosa. Mas, por alguma razão, o menino de Santo Antônio de Posse acreditou que aquele poderia ser o momento exato de levantar a cabeça e seguir em frente. E foi em uma noite chuvosa de julho de 1989 que Neto entrou em seu Fiat Uno amarelo e, chorando muito, seguiu pela rua Turiassu rumo ao Parque São Jorge.

Chegando lá, enxugou o rosto e entrou na sala do presidente Vicente Matheus. A intenção era acertar as bases contratuais com o clube alvinegro. Como já era tarde e o contrato não tinha ficado pronto, o jogador fechou um acordo verbal com o dirigente. Só tinha uma exigência: receber o mesmo salário dos tempos de Palmeiras. Matheus concordou e começava ali a trajetória de um dos maiores ídolos do centenário Sport Club Corinthians Paulista.

1

2

1 Neto assinando contrato no Corinthians

2 Conhecendo o clube ao lado do diretor Alberto Dualib e do amigo Denys

A apresentação de Neto à torcida foi cercada de todas as pompas de grandes craques da época, inclusive o som da famosa sirene do Parque São Jorge. Acompanhado do diretor Alberto Dualib e do amigo e lateral Denys, o meio-campo finalmente assinou o contrato. Rebelde, ele chegava a seu quarto clube com apenas 23 anos. Algo incomum nos anos de 1980. Coincidência ou não, sempre com problemas de relacionamento. E, apesar da desconfiança da torcida por ter saído do maior rival, o presidente depositava muita confiança naquele garoto.

Segunda-feira, 17 de julho de 1989. Muita expectativa para o primeiro treino de Neto no Timão. A vontade de mostrar serviço era enorme. Logo de cara, uma frustração. Poucos jogadores vieram lhe dar as boas-vindas. Sem muito alarde, o técnico Palhinha iniciou o aquecimento. Treino pesado. Esforço redobrado.

Com fama de pão duro, Vicente Matheus tinha como prática cortar ao máximo os gastos. A verba das concentrações, por exemplo, era economizada. Por isso, a delegação do Corinthians batia cartão no Hotel Samoa, no bairro do Bixiga. Um lugar sem o glamour que normalmente era reservado para a hospedagem dos grandes times brasileiros.

> **"Que me desculpe o dono do hotel, mas era de quinta categoria. Se bem que, por um lado, era legal porque a gente fazia pipoca na cozinha, abria a geladeira, literalmente dominava o lugar."** *(Neto)*

Logo na primeira concentração, Palhinha colocou Neto para dividir quarto com o ponta Mauro, que viria a ser um de seus maiores amigos no futebol. Virou costume um encobrir as escapadas do outro. Quer dizer, isso quando os dois não estavam juntos curtindo a noite paulistana.

Domingo, 23 de julho de 1989. Era a hora de provar para todo o Brasil que a jovem promessa do Guarani tinha se transformado em realidade. E cerca de 20 mil torcedores acompanharam de perto esse início no estádio do Pacaembu. O Timão enfrentava o Sampaio Corrêa na primeira edição da Copa do Brasil. Os paulistas precisavam da vitória, já que no primeiro confronto da série, realizado no Maranhão, perderam por três a dois. Adrenalina total para a estreia do novo camisa 10 corinthiano. Ali, o jogador deixava pública a única superstição de sua carreira: gostava de usar os meiões do avesso para trazer sorte.

Apesar das dificuldades, o Corinthians assegurou a classificação com o gol solitário de outro estreante, o ponta-direita Fabinho, que veio do Novorizontino. No jogo seguinte, contra o Tiradentes-DF, veio a chance de o Timão alcançar as quartas de final do torneio. O jogo ficaria marcado também com o primeiro gol de Neto pelo clube.

Quinta-feira, 27 de julho de 1989. Casa cheia para uma goleada mágica. O placar de cinco a zero foi aberto com um lance que viraria marca registrada do craque. Golaço em cobrança de falta no ângulo esquerdo do goleiro. Foi dele também o lance que encerrou o marcador elástico, com uma bomba da entrada da grande área. Mauro, Marcos Roberto e Eduardo completariam a goleada. Na volta, em Brasília, um desmotivado time corinthiano perdeu por um a zero. Mas a larga vantagem garantiu a vaga na fase seguinte.

Por sinal, seria ali o primeiro grande desafio de Neto com a camisa corinthiana. O duelo era contra o forte Flamengo do Galinho Zico. No Maracanã, os paulistas não tiveram chance. Uma vitória indiscutível dos cariocas. Na partida do Pacaembu, emoção à flor da pele. O Timão precisava de pelo menos três gols sem levar nenhum para se classificar sem a necessidade dos pênaltis. Com um belo gol olímpico, Neto fez o primeiro do Corinthians. Ainda no primeiro tempo, o camisa 10 rubro-negro deixou tudo igual. Mas, na volta do intervalo, os donos da casa chegaram ao placar ideal. Fizeram mais três, com Giba, Eduardo e outro de Neto. A Fiel fazia a festa nas arquibancadas. Mas o volante Junior resolveu jogar água no chope corinthiano no finalzinho da partida. O placar de quatro a dois eliminava

O ESPECIALISTA

Em meados dos anos de 1970, o time de veteranos do União Possense amedrontava os times da região de Campinas. Tudo isso graças ao rápido Netinho, que, com sua técnica e velocidade, detonava as defesas adversárias. E desde aqueles tempos a bola parada era uma arma secreta do garoto.

> **"Já adorava bater faltas e escanteios. Sempre que tinha uma, pedia para bater. Depois já virou rotina."** *(Neto)*

Atuando com a camisa do Guarani, época em que começou a se destacar profissionalmente, Neto começou a incessante rotina de treinamentos. A repetição era tão grande que o músculo chegava a inchar.

> "Tinha uma certa competição entre nós. Apostávamos pra ver quem se saía melhor. Normalmente ele vencia. Era difícil defender os chutes do Neto. Vinham colocados e com muita força." *(Wilson Macarrão, goleiro do Guarani nos anos 1980)*

Neto ficou marcado no futebol brasileiro por suas cobranças de faltas precisas. Durante a campanha do título brasileiro de 1990, o meia-esquerda foi artilheiro da equipe com nove gols. Cinco deles de bola parada, como nas quartas contra o Atlético-MG e nas semifinais contra o Bahia.

O "terror dos goleiros", como vinha sendo chamado pela imprensa local, tinha o respeito de seus maiores adversários.

> "Se ele quisesse colocar a bola com a mão talvez não tivesse o mesmo sucesso." *(Velloso, goleiro do Palmeiras, para a* Rede Globo*, 1991)*

Ídolo do São Paulo, Zetti já previa o que poderia ser realidade no futuro.

"O Neto vem se tornando um dos maiores batedores de falta do mundo."

(Zetti, goleiro do São Paulo, para a Rede Globo, *1991)*

Os méritos do camisa 10 eram evidentes. Treinar com afinco o tornava cada vez mais eficiente no fundamento. Admirador de craques como Jorge Mendonça e Aílton Lira, ele criou um estilo próprio de pegar na bola. Isso é assinado por quem entende do assunto.

"Já vi muitos chutadores. Ele certamente é um dos mais perfeitos."

(Valdir Joaquim de Morais, treinador de goleiros, para a Rede Globo, *1991)*

o Timão. Era o início do fatídico gol fora de casa, que tinha peso extra no confronto.

Mesmo eliminado nas quartas da Copa do Brasil e concluído o Brasileirão na sexta colocação, o semestre foi considerado positivo para Neto. O meia brilhou na maioria das partidas, fazendo gols decisivos e mostrando espírito de liderança. Naquele momento o contrato assinado com Matheus já estava defasado, exigia ajustes.

O cartola reconhecia o talento de seu novo craque. Mas não mexeu no contrato. Resolveu pagar premiações por fora sem que ninguém soubesse. As gratificações eram feitas em forma de linhas telefônicas, muito valorizadas no final dos anos 1980.

Uma nova temporada estava chegando. Ela ficaria consolidada como a mais importante da vida de Neto. Para começar com o pé direito, Basílio, o "Pé de Anjo" de 19, substituiu Palhinha e resolveu dar a braçadeira de capitão para o maior xodó da torcida. Ele herdava a faixa de João Paulo, que deixara o clube. Inicialmente, a atitude gerou polêmica entre os mais experientes do elenco.

> "Lembro que o Neto era meio marrento quando chegou. Mas com pouco tempo ele ganhou o respeito do grupo. Era quem decidia a maioria dos jogos." *(Ronaldo Giovanelli, goleiro do Corinthians em 1990)*

No Estadual, destaque para a força dos clubes do interior. E, intercalando com dois jogos do Timão, dia 5 de março, na manhã seguinte a um empate contra o XV de Piracicaba, Neto deu um passo importante na vida pessoal. Casou-se com Ana Helena Grimaldi, sua namorada desde os 15 anos. A festa teve o glamour de um grande astro e contou com a cobertura de toda a imprensa paulista.

Com seis meses de casa, ele já era líder dentro e fora de campo. Discutia com os dirigentes os contratos da maioria dos companheiros. Além disso, definia o valor dos bichos e apaziguava crises fazendo gols. Muitos gols. A Fiel já o idolatrava.

Durante o Paulista de 1990 o Timão acabou derrotado apenas na estreia pelo Noroeste por um a zero. Passou o restante do torneio invicto. Em 35 partidas, foram 16 vitórias e 19 empates. Acabou eliminado em um empate sem gols com o Bragantino, que mais tarde se sagraria campeão na famosa "final caipira" contra o Novorizontino.

DANDO UM BICO NA TÁTICA

O vice-campeonato do Novorizontino impressionou muita gente. Vários jogadores daquela equipe acabaram negociados. E o Corinthians, que estava em busca de um treinador, optou por ficar com o comandante daquele grupo: Nelsinho Baptista. Idealista e trabalhador, sempre teve como aliado o fato de ter sido jogador de sucesso em grandes clubes como São Paulo e Santos. Falava a linguagem do boleiro.

> "Foi tudo muito rápido. 'Seu' Vicente me ligou três dias depois de eu ter sido vice-campeão com o Novorizontino. Tinha uma proposta. Eu disse sim, lógico!" *(Nelsinho Baptista, técnico do Corinthians em 1990)*

Ninguém colocava fé naquele Corinthians que se formava para o Campeonato Brasileiro. Aliás, os próprios jogadores reconheciam as deficiências do elenco. O descrédito aumentou após a decepcionante derrota, na primeira rodada, para o Grêmio: três a zero. No duelo seguinte, em pleno Pacaembu, mais um resultado negativo. Um a zero para o Cruzeiro. As coisas iam de mal a pior.

Mas depois de um empate sem gols com o Vitória em Salvador, foi a vez de um clássico fundamental para a sequência no torneio: contra o arquirrival Palmeiras. Era matar ou morrer. A grande oportunidade de sair do

1

Treinamento no Parque São Jorge na década de 1990

2

1

2

3

Em ação com a camisa 10 do Timão

buraco e animar um pouco a torcida. E foi o que aconteceu, com Neto em tarde inspirada. Ele marcou o primeiro de falta no comecinho do jogo. Sem chances para Velloso. Ainda foi do meia-esquerda a assistência para o segundo, de Wilson Mano. O palmeirense Betinho diminuiria para o Verdão, mas a vitória estava garantida. A primeira daquela caminhada para o título.

Meio no susto, aos trancos e barrancos, o time de Nelsinho foi superando os obstáculos. Chegou à última rodada entre os oito, mas teve de contar com o tropeço dos rivais para se classificar na última vaga. Isso porque o Timão fez a proeza de perder em casa por três a zero para o Internacional. Tinha mesmo que ser sofrido.

Sábado, 24 de novembro de 1990. Era a hora da verdade. Primeiro jogo das quartas de final entre Corinthians e Atlético-MG. Os mineiros contavam com um ataque poderoso, com o rápido Éder Aleixo e o artilheiro Gérson. Para piorar, a decisão seria em Belo Horizonte.

Apito do árbitro e os paulistas tentavam superar a inferioridade técnica com muita raça e determinação. Ronaldo, o goleiro, fechava o gol. Márcio era um leão no meio-campo. Já Neto, sem dúvida, a grande estrela e principal responsável por aquela campanha até ali.

Para tristeza dos mais de 30 mil corinthianos presentes, após bobeada de Mauro pela lateral-esquerda, o Galo saiu na frente com a cabeçada do atacante Gérson. A decepção era visível nos olhos de todos. Terminou a primeira etapa e as equipes desceram para os vestiários. Foi lá que apareceu pela primeira vez a força do técnico Nelsinho.

> "Ele nos deu moral. Levantou nossa cabeça. Mexeu com nossos brios."
> *(Mauro, ponta-esquerda do Corinthians em 1990)*

O estádio viu outro Corinthians entrar em campo no segundo tempo. Veio com muito mais ânimo, garra e espírito de equipe. Enquanto o Atlético-MG fazia de tudo para segurar o resultado, o que daria uma boa vantagem para o jogo de volta, começou a brilhar a estrela do camisa 10 corinthiano.

"Foi o jogo da minha vida!" *(Neto)*

Depois de muita retranca, Paulo Sérgio cruzou na área e o zagueiro Cléber subiu para afastar. Só não contava que, no alto de seus 1,74 metro, Neto subisse mais alto para cabecear no canto do goleiro Carlos Ganso.

O empate ainda favorecia os mineiros. Mas não demorou muito para que saísse a virada. O próprio camisa 10 iniciou a jogada invertendo uma bola de longa distância para Paulo Sérgio na esquerda. O ponta centrou na área, Tupãzinho não conseguiu o domínio de perna direita e a bola sobrou limpa novamente para Neto, que chegou a tempo de fazer o gol da virada.

"Foi o gol mais importante da minha carreira. E foi justamente ali que comecei a vibrar do meu jeito tradicional, ajoelhado no gramado. Vi na televisão e gostei. Mal sabia eu que tinha criado uma marca registrada." *(Neto)*

Fim de jogo. A torcida explodia de alegria. Mas ainda tinha o jogo de volta, na casa do Galo.

"A alegria naquela noite era incontrolável. Depois do jogo fui comemorar em uma boate. Sozinho. Nenhum dos jogadores foi. Não tínhamos essa liberdade. Mas, como ninguém falou nada, fui aproveitar." *(Neto)*

Em Belo Horizonte o espetáculo não teve muito brilho. Sem sua maior estrela, que cumpria suspensão pelo terceiro amarelo, o Corinthians jogou na retranca contra um Atlético-MG apático e aparentemente pressionado.

1 Comemorando com a Fiel no alambrado no início da passagem pelo Corinthians

2 A partir das quartas de 1990 a criação da marca registrada: joelhos no gramado e braços erguidos

10

O placar não saiu do zero, levando os paulistas a disputar sua segunda semifinal de Brasileiro na história até então.

Quinta-feira, 6 de dezembro de 1990. A turma de Nelsinho preparada para o primeiro jogo das semifinais. O adversário era o forte Bahia, que contava com a mesma base da equipe que havia sido campeã nacional dois anos antes.

A delegação seguia no ônibus batizado de Mosqueteiro II pela avenida Pacaembu a caminho da entrada do estádio. O trânsito estava lento. Boa parte das ruas que cercavam o local estava congestionada. Eram carros espalhados por todos os cantos. Muitos estacionados em lugares proibidos. Enquanto isso, os cambistas e flanelinhas aproveitavam para faturar alto.

A poucos metros da entrada, o motorista Ivo Caqui percebeu que havia um veículo no meio da rua impedindo a passagem do ônibus. Foi aí que o presidente Vicente Matheus, do alto de seus 82 anos, pediu a ele que abrisse a porta e saiu do ônibus. Os jogadores pareciam perplexos com o que estavam vendo. Embaixo de chuva, Matheus começou a empurrar o carro sozinho. Nesse instante o time todo se comoveu e desceu para ajudar.

> **"Naquele momento senti pela primeira vez que poderíamos ser campeões. Aquele gesto do 'seu' Vicente motivou muito o pessoal."** *(Neto)*

Dentro do estádio os torcedores proporcionavam um espetáculo lindo. O jogo começou com o Bahia pressionando com o artilheiro Charles. E logo aos dois minutos os visitantes saíram na frente. Uma bomba de Wágner, que passou rente à barreira e enganou Ronaldo. O tormento das quartas parecia se repetir.

Mas, como é de praxe, a Fiel não parou de apoiar. Ainda no primeiro tempo, Neto cobrou escanteio com curva, o lateral Giba cabeceou para a área e a bola resvalou no volante baiano Paulo Rodrigues. Era o gol de empate. Festa alvinegra no Pacaembu!

Na etapa final o Timão começou muito mais ofensivo. Neto tentava de todos os jeitos e lá estava Chico para defender. Fabinho perdeu um gol incrível. Boa interceptação do goleirão baiano. Até que, em um lance de falta, Neto pegou firme a bola e traiu Chico. Explodiu a festa em todo o Brasil. O Corinthians estava a um jogo da grande final.

> **"Acabando o jogo o pessoal voltou direto para o hotel. Eu não, né? Fui para o antigo Bar Vitória. Sempre ia lá. A pressão sobre mim era grande. Sempre descontraía tomando umas cervejas."** *(Neto)*

Domingo, 9 de dezembro de 1990. Estádio da Fonte Nova, em Salvador, lotado por mais de 65 mil torcedores do Tricolor da Boa Terra. Mas naquela ocasião não teve macumba que fizesse a bola entrar no gol de Ronaldo. O Timão jogou fechadinho e manteve outro empate sem gols para se garantir na finalíssima.

> **"Dali fomos direito para o hotel. O cansaço era muito grande. Lembro que a classificação contra o Atlético-MG e o Bahia rendeu um bom bicho para cada jogador. Na época, acho que dava pra comprar um apartamento."** *(Neto)*

A final contra o São Paulo se aproximava e a comissão técnica tentava ao máximo controlar o entusiasmo dos jogadores. Com pouca experiência em grandes clubes, Nelsinho sabia que aquela era a grande chance de se consolidar na carreira. Para isso, contou com a ajuda fundamental do preparador físico Flávio Trevisan.

> "O Flávio conseguia deixar o Neto bem para jogar. Aquilo foi fundamental para nossa campanha. Aliás, crescemos juntos. Ganhamos destaque pela união do grupo." *(Nelsinho Baptista, técnico do Corinthians em 1990)*

Quinta-feira, 13 de dezembro de 1990. Estava na hora da decisão. O adversário, dirigido pelo mestre Telê, tinha eliminado o Grêmio na outra semifinal. Dos quase 90 mil espectadores, maioria absoluta de corinthianos. Loucos pelo primeiro título de expressão nacional.

O Tricolor tinha no elenco jogadores consagrados como Antônio Carlos, Cafu, Zetti e Raí. Só para variar, o Timão faria da raça sua grande arma para superar a técnica adversária. O árbitro José Aparecido de Oliveira, que mais tarde teria uma história à parte com o astro corinthiano, apitou o início da partida. As torcidas empurravam os times para o ataque. A grande arma do Timão era a bola parada de Neto. E, logo no primeiro lance desse fundamento, bola com efeito na área. Desvio de joelho de Wilson Mano para o gol. O restante do jogo foi um show de desarmes do volante Márcio e do zagueiro Marcelo. Deu tempo ainda de o craque da equipe perder dois gols cara a cara com Zetti. A vitória magra revertia a vantagem do empate para o segundo jogo.

> **"Fiquei muito feliz com o gol do Mano. Era importante para nosso time. Mesmo sabendo que ele não ia muito com a minha cara. Tinha ciúme, inveja, sei lá!"** *(Neto)*

Um simples resultado de igualdade daria ao Timão o primeiro título brasileiro de seus 80 anos de história. O mais próximo que o clube tinha chegado da conquista havia sido em 1976, quando perdeu para o Internacional de Falcão. Até por isso, a imprensa pendia para o lado alvinegro para noticiar o grande clássico final. O camisa 10 era o foco de todas as lentes.

Domingo, 16 de dezembro de 1990. Grande decisão! Dos mais de 100 mil pagantes, pelo menos 70% estavam vestidos de preto e branco. As organizadas davam um show à parte. O barulho dos fogos de artifício era simplesmente ensurdecedor.

Bem armado por Nelsinho, o Timão começa pressionando. Principalmente pelos lados, com os pontas Mauro e Fabinho. Mas o primeiro tempo terminou empatado, sem gols, fato que irritou o comandante.

"O Nelsinho tinha um quadro daqueles com botões para mostrar a formação tática e a movimentação das equipes. Quando deu o intervalo, o roupeiro Ezinho colocou o quadro na frente dele. O Nelsinho surpreendeu todo o mundo e deu uma bicuda naquilo. Voou madeira pra todo lado. Ele insistiu que seríamos campeões a qualquer custo. Aquilo foi marcante." *(Neto)*

Talvez incendiada pela atitude do treinador, a equipe retornou do intervalo com personalidade. E logo fez o gol. Neto iniciou a jogada que teria participação importante de Fabinho e culminaria no gol de Tupãzinho. Era o lance do título inédito. Ainda teve tempo para Wilson Mano se desentender com Bernardo e ser expulso por Edmundo Lima Filho. Antes do apito final, Nelsinho substituiu seu principal jogador pelo volante Ezequiel. Ele saiu ovacionado pela Fiel.

"Lembro como se fosse hoje daquele apito final, da volta olímpica com a taça e do calor da torcida. Depois do jogo desci para o vestiário e acendi um cigarro. A ficha ainda não tinha caído. Não tinha noção do significado daquilo tudo." *(Neto)*

"O Neto era meio desligado dessas coisas. Do que representava aquilo. Veio entender mais tarde só. Já eu estava pulando e vibrando que nem um louco." *(Ronaldo Giovanelli, goleiro do Corinthians em 1990)*

Depois do banho nos vestiários, a delegação entrou no ônibus e voltou para o Hotel Samoa. Não houve qualquer festa patrocinada pelo clube.

1 Comemorando com a réplica da Taça das Bolinhas pelo título do Brasileirão de 1990

2 Vibrando com o goleiro Ronaldo mais um gol pelo Timão

1

2

"Sempre gostei e respeitei muito o 'Seu' Matheus. Mas ele foi muito pão duro. Não deu nenhuma festa para os jogadores comemorarem com as famílias. Faltou bom senso ali." *(Neto)*

Para exaltar a conquista, a diretoria deixou a Taça das Bolinhas, troféu de posse transitória, em cima da mesa do saguão do hotel. Mal sabia o que estava fazendo.

"Quando vi, peguei e escondi na minha bolsa. Fiquei lá tomando umas cervejas com o Mauro e não avisei ninguém. Só devolvi quando vi os caras desesperados." *(Neto)*

Ao lado de Mauro e de outro colega, Neto resolveu comemorar na casa de massas da Famiglia Mancini, em frente ao Hotel Brasilton, no centro da cidade. Depois do jantar, uma merecida tentativa de descanso. Isso porque pelas ruas de São Paulo só se ouvia barulho de rojões e de pessoas gritando "É campeão! É campeão!". O fim de semana virou feriado. Na segunda seguinte, muita ressaca. Muitas ausências no trabalho. A maior cidade do País literalmente parou.

"Comecei a ter noção do que tínhamos feito na segunda-feira. Meu telefone não parava de tocar. A imprensa corria atrás de mim para onde fosse." *(Neto)*

Mas a maior gratidão pelo título ainda estaria por vir. Paulo, o roupeiro mais antigo do Corinthians, chamou Neto de canto e lhe entregou uma chave.

— Estou te dando este armário porque você honrou o dono dele.

O funcionário preservava fechado havia mais de 15 anos o armário de número 10 do vestiário do Parque São Jorge. Ninguém encostava ali.

Tinha pertencido ao ídolo Roberto Rivellino. Agora era de um novo camisa 10. Do principal astro da maior conquista do clube. O sonho de criança estava realizado.

EXCESSO DE JOGOS E GOLS ESPETACULARES

A temporada de 1991 começou com algumas modificações. O Campeonato Brasileiro, que normalmente era disputado no segundo semestre do ano, passou a ser no primeiro. Já os Estaduais teriam início apenas em agosto. E, com a participação na Libertadores e na Copa do Brasil, o calendário corinthiano estava carregado. O time de Nelsinho passaria por um período de grande desgaste físico e psicológico.

Nas férias, o craque batia cartão na pacata Santo Antônio de Posse. Pertinho dali ficava a bela chácara do amigo e cantor Chitãozinho. Era comum ser visto em churrascadas no local.

> "O Neto sempre foi um cara muito divertido. Totalmente sincero. Eu me dou muito bem com ele. Sempre é um prazer recebê-lo em minha chácara." *(Chitãozinho, cantor sertanejo)*

Apesar da ausência de títulos expressivos, esse foi o principal ano de Neto com a camisa do Timão. Aliás, o melhor da carreira. Foram 20 gols, número expressivo para um meia-esquerda.

E tudo isso começou no dia 25 de janeiro. Vitória na estreia do torneio internacional Euro-América contra o Hamburgo da Alemanha. Um a zero, gol dele. Ainda participavam Palmeiras e Stuttgart. No regulamento da competição, não poderia haver confronto direto de dois clubes do mesmo país. Com a derrota para o Stuttgart, os corinthianos foram eliminados. Na soma dos resultados, o time alviverde ficou com a taça.

Nelsinho Baptista usava esses jogos para testar novos jogadores e treinar a equipe. Ainda em janeiro o Corinthians enfrentou o Flamengo na única edição da Supercopa do Brasil. Criado pela CBF para definir o campeão absoluto do ano, o duelo reuniu os campeões da Copa do Brasil e do Brasileirão. Em um estádio vazio, fato raro para o confronto entre as duas maiores torcidas do Brasil, os paulistas venceram por um a zero. Outro gol de Neto. Como a Supercopa nunca mais voltou a ser realizada, o Timão ainda é o detentor do título.

Domingo, 3 de fevereiro de 1991. O campeão começava a defender o título nacional contra o Vitória-BA. Partida de arbitragem bem confusa, com direito a expulsão do zagueiro Guinei e pênalti perdido por Neto. O placar marcou o empate por um a um.

Duas semanas depois o Timão voltaria a disputar uma Copa Libertadores. Era a segunda vez na história. Além do Corinthians, estavam no Grupo 3 do torneio o Flamengo e os uruguaios Bella Vista e Nacional. A campanha se iniciou em Cuiabá, no Mato Grosso, com outro empate por um a um. Marcelinho Carioca, que viria a ser ídolo corinthiano, fez o gol rubro-negro. O ponta Fabinho empatou no finalzinho.

Coincidência ou não, o resultado de um a um se repetiu mais duas vezes no primeiro turno da competição continental. No jogo de volta, novamente contra o Flamengo, o duelo ficaria conhecido como a "Noite das Garrafadas". Tudo porque parte dos 18 mil presentes no Pacaembu se revoltou contra a derrota parcial e com a atitude peculiar do auxiliar, que tirou um sarro de alguns torcedores fazendo gestos. Aquilo detonou a ira da torcida, que começou a arremessar garrafas de cerveja no gramado. Muitos inocentes acabaram envolvidos na guerrilha. Sem condições de continuar, o árbitro Renato Marsiglia encerrou o jogo antes do tempo regulamentar.

Na massacrante tabela do semestre, ainda vinha pela frente outra competição: a Copa do Brasil. Depois de eliminar o Confiança-SE na primeira fase, o adversário seria o Cruzeiro. No primeiro confronto, show do meia corinthiano, na vitória por três a um.

> **"Fiz os três gols do time. O último, um golaço! Arranquei da intermediária, ganhei do Ademir na corrida e toquei na saída do goleiro. Depois do jogo não recebemos o bicho prometido. Quase saí na mão com o Pedro Fabiano [diretor]. Aliás, esse cara sempre foi um canalha. Queria me derrubar e nunca conseguiu."** *(Neto)*

O Brasileirão estava chegando ao fim. Mas ainda teria tempo para alguns gols que marcariam a carreira de Neto. O primeiro saiu contra o Flamengo do goleiro Gilmar, em pleno Maracanã. Em uma cobrança de falta da intermediária, o craque encheu o pé e a bola fez um percurso simplesmente impressionante. Em linha reta, entrou no ângulo. Sem chances de defesa. Talvez um dos mais impressionantes lances desse fundamento.

> "Nunca tinha visto algo parecido. Aquilo definitivamente me fez abrir os olhos para o craque que vestia aquela camisa."
> *(Dr. Osmar de Oliveira, médico e comentarista esportivo)*

Outro gol importante na carreira de Neto sairia no palco em que ele mais gostava de marcar: o Pacaembu. Era disputada a última rodada do Brasileiro, contra o Náutico. A vitória era fundamental para a classificação para as semifinais.

> **"Todos se lembram da falta no Gilmar e dos gols de bicicleta. Mas nesse dia fiz talvez o gol mais bonito da minha carreira. Peguei de voleio depois do cruzamento do Jacenir."** *(Neto)*

O lateral também lembra o gol com saudade.

"Fiquei feliz de ter dado a assistência para aquela pintura. Mas o Neto fez tanto por nós que minha retribuição foi pequena."
(Jacenir, lateral do Corinthians em 1991)

O resultado positivo contra os pernambucanos de nada adiantou. Isso porque uma manobra de última hora da CBF deu ao Fluminense os pontos de uma partida inacabada contra o Botafogo. Curiosamente, aquele jogo terminou com invasão da própria torcida tricolor. Com isso o Timão estava fora. Ficou na quinta colocação.

Àquela altura o excesso de jogos e competições estava afetando o desempenho dos atletas. Os bons resultados custavam a vir. Na Copa do Brasil, após passar pelo Cruzeiro, o Corinthians foi eliminado pelo Grêmio. E esse dia ficou marcado por uma história um tanto peculiar.

Depois da derrota por dois a um, Neto e o goleiro Ronaldo foram sorteados para o exame antidoping. Acompanhados pelo médico Léo Vilarinho, os dois amigos entraram na sala e começaram a beber cerveja. Na época a bebida era utilizada para acelerar o processo diurético.

"Combinei com o Ronaldo de segurar o xixi. Assim a delegação ia embora e a gente ficava pra curtir a noite em Porto Alegre." *(Neto)*

Dito e feito. A partir dali a missão foi só despistar o médico para aproveitar as baladas gaúchas. Na Libertadores os problemas se repetiam. Aos trancos e barrancos o Timão conseguiu a segunda vaga na chave. Mas, a partir dali, teria de encarar o tradicional Boca Juniors da Argentina. Os brasileiros ao menos tinham a vantagem de fazer o segundo jogo em casa.

Quarta-feira, 17 de abril de 1991. Boca e Corinthians no temido estádio "La Bombonera". Os atacantes Batistuta e La Torre eram os grandes expoentes da equipe gringa. Parecia missão impossível, ainda mais porque Nelsinho não tinha seu grande craque, que servia a Seleção Brasileira no mesmo dia.

M E L H O R   Q U E   M A R A D O N A ?

Napoli, Lecce, Atalanta, Fiorentina e Boca Juniors foram só alguns exemplos de clubes que, por muito pouco, não contaram com o futebol de Neto no início dos anos 1990. Nesse período, ele já era apontado pela imprensa especializada como o melhor jogador brasileiro atuando no País. O curioso é que, mesmo assim, ele não fez parte da convocação do técnico Sebastião Lazaroni para a Copa da Itália.

> **"Tinha consciência de que minha fase era excelente. Não fui à Copa injustamente. Mesmo assim, estava valorizado no mercado. Era a chance de poder ganhar um bom dinheiro."** *(Neto)*

Quem realmente manifestou interesse na compra do passe da estrela corinthiana foi o empresário Alberto Lufriú, um dos sócios da argentina Match Maker. No início ninguém entendeu bem o que estava acontecendo, já que a empresa era do ramo de importação e exportação de tecidos. Mas Lufriú tratou de esclarecer essa dúvida:

> **"Nós queríamos entrar de alguma maneira no futebol. E essa oportunidade de comprar o passe do Neto poderia ser única."**
> *(Alberto Lufriú, empresário, para o* Jornal da Tarde, *1990)*

Quando o astro Diego Maradona trocou o Boca Juniors pelo Barcelona pelo valor recorde de US$ 6,5 milhões, o agente envolvido na negociação foi Guillermo Coppola. Ele também fez a transação do astro argentino com o Napoli da Itália. Por pura coincidência, alguns anos depois Coppola intermediaria a ida de Neto para o mesmo clube italiano. Já estava tudo acertado. A Match Maker compraria o passe do brasileiro por US$ 2 milhões e o repassaria para o Napoli emprestá-lo à Fiorentina. Ponte complicada essa, não? O presidente Vicente Matheus descomplica:

"Acho que na verdade o Coppola deve estar com medo de levá-lo ao Napoli. Com certeza o Neto ofuscaria o brilho do Maradona. Mas ele tentou até o fim, porque sabia que era um grande negócio."

(Vicente Matheus, presidente do Corinthians, para a A Gazeta Esportiva, *1990)*

No final da história, quem lucrou mesmo foi o time corinthiano. O negócio acabou melando e Neto não foi para a Europa. Meses depois o Corinthians conquistaria o primeiro título brasileiro de sua história, tendo o meia como seu principal personagem.

A tática brasileira era explorar o contra-ataque com os velozes Fabinho e Paulo Sérgio. Mas não surtiu o efeito desejado. Isso porque Guinei falhou feio e Graciani abriu o placar para os *hermanos*. Antes do fim do primeiro tempo, o Timão chegou ao empate após pênalti em Fabinho, bem cobrado pelo lateral Giba.

> "O Neto era o cobrador. Mas na ausência dele eu fui para a bola. Sentimos demais a falta dele naquele jogo. Era quem chamava a responsabilidade." *(Giba, lateral do Corinthians em 1991)*

Na etapa final a tranquilidade de uns contrastava com o nervosismo da maioria. Já no início da etapa complementar o árbitro chileno Hernan Silva viu pênalti quando a bola tocou a mão do volante Márcio dentro da área. O ainda jovem Gabriel Batistuta cobrou com categoria para recolocar os argentinos em vantagem. Pouco depois o golpe fatal. La Torre desceu pela esquerda e cruzou para o "Batigol" soltar a bomba. O sonho corinthiano de conquistar as Américas estava mais distante.

> "Com certeza se o Neto estivesse em campo seria diferente. Ele participava de 80% dos nossos gols. Era o craque do time, pô!"
> *(Nelsinho Baptista, técnico do Corinthians em 1991)*

Agora os brasileiros precisavam vencer por três gols de diferença para seguir na competição. Dois levavam a disputa para os pênaltis. E na volta Neto estaria em campo.

Quarta-feira, 24 de abril de 1991. A Fiel fez sua parte e, apesar da chuva, lotou o Morumbi. Mas em campo não tinha jeito. Os argentinos eram superiores e aproveitaram mais uma falha do zagueiro Guinei para abrir o placar. Novamente Graciani.

Paulo Sérgio igualou e evitou um vexame maior. Mas a eliminação frustrou os milhões de corinthianos espalhados pelo País.

> **"Eles foram melhores. Mas no jogo daqui fomos roubados. Sofri dois pênaltis descarados. Mesmo assim não tínhamos estrutura para disputar três competições simultaneamente."** *(Neto)*

Após as eliminações no Brasileirão, Copa do Brasil e Libertadores, o foco do time se voltou ao bom e velho Paulistão para não passar o ano em branco.

A CUSPARADA E O GANCHO

Após o fracasso do semestre, Nelsinho deixou o cargo. O substituto era o experiente Carlos Alberto Silva. Mas, seduzido por uma proposta milionária do Porto de Portugal, ficou pouco tempo. O nome da vez seria o de Cilinho, com quem Neto já havia tido problema nos tempos de São Paulo.

E o clima começou quente. Sem muitas explicações, o novo treinador exigia o desligamento de Neto e do volante Márcio. Sem ser comunicado, o camisa 10 ficou sabendo disso pelos colegas na reapresentação da intertemporada em Poços de Caldas.

> **"O Wilson [goleiro] me disse que tinha ouvido na rádio que ele não me queria no time. Achei ridículo! Nunca discuti com o Cilinho. Nem sequer levantei a voz para ele."** *(Neto)*

Preocupado, Neto decidiu conversar com o presidente Vicente Matheus antes de tomar qualquer atitude precipitada. O dirigente ficou do lado do jogador. Na ocasião foi feita uma pesquisa em um programa de TV para saber se o Xodó deveria ou não ficar no Parque São Jorge. A votação foi arrasadora em favor dele. Cilinho, apoiado pelo diretor Pedro Fabiano, não conseguiu a dispensa.

> "Como é que eles queriam derrubar o Neto? Era o cara que decidia as partidas. A torcida era apaixonada por ele."
> *(Ronaldo Giovanelli, goleiro do Corinthians em 1991)*

Todos estavam ansiosos para o início do Estadual. Cilinho mais uma vez apostava na base que tinha sido campeã brasileira no ano anterior. Em campo o time acumulava mais empates que vitórias. Recuperando-se de uma lesão no tornozelo, o meia jogava pouco. Uma dessas partidas ficaria marcada negativamente na vida do craque.

Domingo, 13 de outubro de 1991. Dérbi. O Corinthians vinha de uma vitória importante diante do Bragantino por três a zero. Já o Palmeiras acumulava resultados ruins nas rodadas anteriores. A pressão era grande, e Nelsinho, que dessa vez estava do outro lado, tratou de colocar marcação forte em Neto. No fim do primeiro tempo, pênalti duvidoso em Edu Marangon. Betinho cobrou e fez um a zero.

Dentro do gramado os corinthianos acusavam José Aparecido de Oliveira de enervar o jogo e favorecer o adversário. Wilson Mano empatou no início do segundo tempo. Mas Betinho chutou colocado e anotou o segundo gol verde. A reclamação com o árbitro persistia.

> **"Ele dava faltas inexistentes, invertia laterais e xingava todo o mundo. Ele deixou todo o nosso time nervoso."** *(Neto)*

Próximo do fim do jogo, em uma jogada rápida, o volante César Sampaio arrancou em direção ao gol corinthiano. Mas Neto, com um carrinho por trás, desleal, o deslocou. Cartão vermelho indiscutível. Irritado com

1

2

3

tudo o que vinha acontecendo, o camisa 10 cuspiu no rosto de José Aparecido e desceu para o vestiário.

A partir dali a derrota parecia ser o menor dos problemas. O receio era perder a grande estrela da equipe por algum tipo de suspensão. Tanto é que muitos torcedores aguardavam a decisão do Tribunal de Justiça Desportiva da Federação Paulista de Futebol.

> "A torcida do Corinthians compareceu em peso à frente da sede da Federação. A avenida Brigadeiro Luís Antônio literalmente parou naquele dia." *(João Zanforlin, advogado do Corinthians em 1991)*

Às 23h do dia 21 de outubro saiu a sentença. Nove dos 10 auditores consideraram a cusparada uma agressão. Desses nove, sete votaram pela suspensão de 120 dias. Os advogados do clube, João Zanforlin e Sérgio Gressine, pouco puderam contestar. O craque corinthiano pegara quatro meses de gancho.

Mesmo assim, a verdade é que Neto voltaria a vestir a camisa corinthiana bem antes do que se imaginava. Foram cumpridos apenas dois meses e 13 dias de suspensão, pois, tirando o período de férias dos atletas, o outro mês foi anistiado pelo Papa João Paulo II.

Nesse período ele aproveitou para manter a forma em jogos beneficentes e amistosos na várzea.

> **"Fui convidado para jogar pelos Milionários (time que reunia ex-atletas do passado) contra a seleção dos presos do Carandiru. Foi muito legal. Foi dois a zero. Fiz os dois."** *(Neto)*

Sem a presença de sua grande estrela, o Corinthians acabou decidindo o campeonato novamente contra o São Paulo. Mas dessa vez o título ficou com o time do jovem Raí, que marcou três vezes no primeiro jogo da final. Chegava ao fim a temporada.

O ano de 1992 mal começou e Cilinho foi demitido. O novo treinador?

> **"Boa parte dos jogadores soltou rojão com a saída do Cilinho. Aí cheguei no presidente e praticamente exigi a volta do Basílio."** *(Neto)*

A péssima estreia na goleada para o Vasco por quatro a um fez a torcida ficar preocupada. Com um elenco envelhecido, ainda com base no time de 1990, toda a superação técnica dependia do meia-esquerda. No final o Corinthians até fez uma boa campanha no Brasileirão. Ficou mais uma vez com a quinta posição.

UM CASO DE AMOR E ÓDIO

No segundo semestre de 1992, a diretoria queria mostrar serviço. Contratou nomes importantes como o lateral Nelsinho, o meia Edu Manga e o atacante Nílson. Tudo levava a crer que o título voltaria ao Parque São Jorge.

Só que o enredo não foi bem esse. Apesar de um início avassalador, o grupo alternou altos e baixos do meio para a frente da competição. Um jogo marcante aconteceu no dia 9 de setembro de 1992. Dia especial para José Ferreira Neto, que completava 26 anos. O público lotou o Parque São Jorge, com direito até a coro de "Parabéns pra você!".

> **"Aquilo foi incrível! Nunca vou esquecer. Milhares de vozes cantando parabéns para mim. Ainda bem que vencemos por dois a zero, fiz o segundo e retribuí o carinho."** *(Neto)*

Com o tempo as críticas foram surgindo. E, quando foi substituído em uma derrota para o São Paulo, era o início do fim. Neto jogou a tarja de capitão do time no chão.

A M É M !

Quarta-feira, 8 de maio de 1991. Essa data marcou a carreira de Neto pela peculiaridade. Fazia muito frio na capital paulista. Pouco mais de seis mil torcedores acompanhavam a primeira partida das quartas de final da Copa do Brasil entre Corinthians e Grêmio. O meia--esquerda alvinegro, no auge da carreira, decidia quase todos os jogos e era presença constante nas convocações da Seleção Brasileira do técnico Falcão. Com suas cobranças de falta letais, o camisa 10 era reconhecidamente o melhor jogador do Brasil.

Para espanto de todos, Gomes, goleiro do Grêmio, entrou com uma Bíblia embaixo do braço. A ideia era se prevenir contra os gols do astro corinthiano.

"Ele era atleta de Cristo. Em tese, poderia até ser uma atitude normal. Mas depois admitiu que estava fazendo aquilo para se prevenir dos gols do Neto. Confesso que achei curioso." *(Roberto Thomé, repórter esportivo)*

Mas a fé pretendida foi por água abaixo logo aos sete minutos. Com um forte chute de fora da área, o Xodó da Fiel abriu o placar. O efeito da bola enganou o reflexo do goleiro gremista. Na sequência, as orações de Gomes começaram a surtir efeito. Neto cobrava faltas com perfeição. Mas o goleiro defendia todas.

Ainda no primeiro tempo, o zagueiro China empatou para os gaúchos. Era o resultado ideal para os visitantes, que seguraram a retranca até o final. Como não poderia ser diferente, destaque do jogo acabou sendo Gomes, o homem da Bíblia.

"Realmente o Gomes estava inspirado naquela noite. Os goleiros da época estavam estudando minhas cobranças." *(Neto)*

Assim que o árbitro Ivo Tadeu Scatola apitou o fim dos 90 minutos, Gomes se ajoelhou no gramado, dentro da pequena área, e começou a rezar. Cercado por jornalistas, o rapaz agradeceu pelas grandes defesas.

"Foi um empate com gosto de vitória. Fiz grandes defesas. Ofereço tudo isso a Deus!" *(Gomes, goleiro do Grêmio, para a* Rede Globo, *1991)*

"Realmente errei em fazer aquilo. Foi um desrespeito com a torcida e com o clube." *(Neto)*

Quarta-feira, 30 de setembro de 1992. A redenção viria na partida contra o Guarani, clube que o revelou. Os campineiros tinham a vantagem no placar após o gol de Raudinei. Neto vinha sendo muito cobrado pelo mau rendimento. Não acertava um lançamento ou chute a gol. As vaias já ecoavam pelo estádio. Em busca da vitória, Basílio mandou Viola para o aquecimento.

> "Parte da torcida não queria o Neto em campo. Resolvi escalar. Mas com 15 minutos ele pediu para sair. Não estava com cabeça. Resolvi deixar mais um pouco. Ainda bem, né?"
> *(Basílio, técnico do Corinthians em 1992)*

O locutor já se preparava para narrar a alteração quando Fabinho desceu pela ponta direita e cruzou na área. O criticado Xodó puxou a bicicleta e fez uma pintura no Pacaembu. Na comemoração, o desabafo o fez tirar a camisa. Prato cheio para o árbitro Ilton José da Costa tirar o cartão vermelho do bolso. Esse foi o maior exemplo de genialidade aliada à irreverência.

> **"Nada contra o Basílio, mas precisava desabafar. Tinha uma meia dúzia de corneteiros enchendo o saco. Quando fiz o gol minha vontade era pular na arquibancada e encher os caras de porrada."**
> *(Neto)*

O Timão concluiu aquele Paulistão na terceira colocação, atrás dos rivais São Paulo e Palmeiras. Na Copa do Brasil, a goleada sofrida para o Internacional-RS por quatro a zero derrubou Basílio do comando. Nelsinho estava novamente na área.

1 Cumprimentando o atacante Bebeto: encontro de craques 2 Com dirigentes corinthianos e o Troféu da Supercopa do Brasil de 1991 3 Em meio aos ídolos de 1977, Basílio e Palhinha

1 e 2 Distribuiu autógrafos e colecionou muitos fãs e admiradores durante a carreira
3 Mais um ano de vida comemorados com o presidente Vicente Matheus e sua esposa Marlene

O ÚLTIMO CAMISA 10

Em 1993 a CBF resgataria a sequência anterior do calendário do futebol brasileiro, colocando os Estaduais para serem disputados antes do Campeonato Brasileiro. No Corinthians, apesar de continuar como protagonista, o camisa 10 já dividia as atenções com o atacante Viola.

O Timão iniciou a campanha com uma péssima derrota diante do Bragantino. O meia já dava mostras de que a má condição física prejudicava seu desempenho em campo. Foi substituído no segundo tempo pelo centroavante recém-chegado Kel.

Depois desse desastre, os comandados de Nelsinho começaram a jogar bem. Vitórias importantes em clássicos contra Santos e Palmeiras foram fundamentais para o futuro da equipe na competição. Aliás, o placar de três a zero diante do Palmeiras teve um sabor especial, porque foi o primeiro desde que o rival assinou o contrato de cogestão com a multinacional Parmalat.

Ao longo da campanha, o atacante Viola, que viria a ser o artilheiro daquela edição do Paulista, criou uma forma divertida de comemorar seus gols, fazendo coreografias.

> **"Respeitava os caras. Mas aquele não era meu jeito de comemorar."**
> *(Neto)*

A primeira fase chegou ao fim com o Corinthians classificado para as semifinais. O regulamento não era muito simples. Seriam duas chaves de quatro equipes cada. Todos contra todos dentro de seus grupos em partidas de ida e volta. Os líderes fariam as finais. No primeiro grupo estavam Palmeiras, Guarani, Ferroviária e Rio Branco. O time de Nelsinho dividia espaço com São Paulo, Santos e Novorizontino.

A equipe corinthiana começou arrasadora, com duas vitórias consecutivas. Na primeira contra o Peixe, um golaço de Neto de fora da área. A primeira derrota na fase viria contra o Tricolor. Neto não atuou por problemas no joelho. O abatimento caiu sobre a Fiel. Afinal naquele tempo era difícil bater o time do Morumbi.

No returno da semifinal, o empate sem gols contra o Santos praticamente qualificou como decisão o duelo seguinte contra o São Paulo. Era tudo ou nada. Os alvinegros não faziam sequer um golzinho no rival havia praticamente dois anos e meio.

Domingo, 30 de maio de 1993. Bicampeões da América, os comandados do mestre Telê Santana contavam com o poder de decisão de Raí, Palhinha e Toninho Cerezo. Do outro lado as maiores esperanças de gol eram o artilheiro Viola e Neto, sempre ele. Mas quem fez a diferença nos primeiros minutos foi Nelsinho que, deixando Bobô no banco, praticamente imobilizou o adversário na marcação. Neto teve a chance de abrir o placar em cobrança de pênalti. Mas Zetti defendeu.

No segundo tempo novamente teve o dedo do técnico corinthiano na mudança tática do jogo. Colocou Bobô na partida para jogar com o volante Moacir pela direita e liberou Neto para ficar próximo à área. Logo a mudança surtiu efeito. Viola cruzou na área e o camisa 10 tocou no canto para fazer o gol. Pelo enquadramento das câmeras de TV, ficou-se com a nítida impressão de que havia impedimento na jogada.

"O lance foi muito rápido. Não deu pra ter muita noção, mas acho que realmente estava impedido." *(Neto)*

O gol salvador do Xodó assegurou a vitória e aliviou o coração dos torcedores fiéis. Para garantir a vaga na final, bastava superar o Novorizontino em casa. Com Neto suspenso, o Timão não bobeou e enfiou três a zero. Final garantida contra o arquirrival Palmeiras.

"Foi muito difícil enfrentar o Palmeiras. Sabíamos que a equipe deles era melhor que a nossa. O jeito então era tentar na base da raça." *(Neto)*

Domingo, 6 de junho de 1993. Início de uma polêmica e conturbada disputa de título. Esse duelo ficaria marcado por um lance que se iniciou nos pés do meia corinthiano. Falta cobrada para a área, a bola passou por todo o mundo e Viola apareceu por trás para colocar na rede. Explodiu o Morumbi! Na comemoração, o atacante resolveu tirar um sarro do adversário e imitou um porco. Pela atitude, aquele magro placar acabou sendo pouco.

> **"Essa imitação complicou tudo. Lembro de ter ido ao Cartão Verde e o Edmundo estava lá. Ele falou um monte de coisa. Deu pra ver que os caras ficaram mordidos com aquela atitude."** *(Neto)*

> "Realmente foi positivo. Entramos em campo mordidos e pressionados pela fila de 17 anos sem títulos."
> *(Edmundo, atacante do Palmeiras em 1993)*

Ao longo da semana, o favoritismo, inicialmente do Palmeiras, ficou dividido. Pelo placar pendia até um pouco para o lado preto e branco. Mas muita gente ainda apostava que o popular "gol porco" poderia mudar o rumo dessa história.

> **"Achei que o Viola errou. Motivou os caras. Mas claro que não foi aquilo que fez a gente perder. Tecnicamente eles eram bem melhores."** *(Neto)*

Sábado, 12 de junho de 1993. A derrocada alvinegra. Sem nenhum suspiro de objetividade, o Corinthians foi massacrado pelo rival. Perdeu de três a zero. Como tinha vencido o primeiro jogo (pelo regulamento, o placar não importava), o duelo foi para a prorrogação. Nova derrota: gol de pênalti de Evair. Três jogadores foram expulsos ao longo da partida, por isso muita gente acusa o árbitro José Aparecido de Oliveira (aquele mesmo da cusparada!) de ter influenciado no resultado final.

O APARECIDO

Com a palavra, José Aparecido de Oliveira (ex-árbitro de futebol)

"Sou um cara do bem e quero selar de uma vez por todas as minhas pazes com o Neto. Mas é inegável que a relação com ele deixou sequelas na minha vida. Sou lembrado até hoje como o árbitro que levou a cusparada no rosto. E essa foi só uma das dezenas de polêmicas que tive de enfrentar na vida. Se cheguei a ser árbitro Fifa foi por méritos. Afinal, não tenho olhos verdes e nunca puxei o saco de ninguém.

Mas, profissionalmente, tenho certeza de que o Neto saiu muito mais prejudicado do que eu com essa história. Perdeu na época um pouco da moral que tinha no futebol. E isso era complicado para um jogador acima da média como ele, que tinha a obrigação de carregar o time do Corinthians nas costas.

Sempre quis acreditar que ele tenha feito aquilo por nervosismo momentâneo e não por preconceito racial, como algumas pessoas chegaram a comentar. E o pior disso tudo é que ele é um cara extremamente legal. Só é meio pavio curto.

Depois, pensando em casa, concluí que, se não existisse imagem daquilo, acho que passaria batido. Não relataria. Até por conhecê-lo. Mas, de certa forma, aquela punição acabou servindo como um aprendizado pra ele.

O mais curioso foi na minha casa. Tenho dois filhos corinthianos que, na ocasião, tinham o Neto como um ídolo. Mas, depois do episódio do cuspe, a magia se perdeu um pouco.

O tempo ensinou e fez com que passássemos por cima disso tudo. Nunca achei o Neto um cara ruim. Ao contrário. Não somos amigos, não teríamos muita coisa pra conversar. Mas se o encontrasse na rua conversaria normalmente. Por respeito.

Hoje posso afirmar tranquilamente que aquela passagem ruim das nossas vidas não me tira mais o sono."

ANISTIA EM BOA HORA

Com a palavra, João Zanforlin (advogado)

"Há muito tempo trabalho na área esportiva. Antes de aceitar a proposta do Corinthians para defender o Neto, já tinha atuado em casos polêmicos como o dopping do Mário Sérgio. Advogava também para vários clubes. Mas o curioso naquela situação da cusparada é que a mídia a transformou em uma causa popular. Algumas emissoras de TV inclusive transmitiram o julgamento ao vivo. Os rádios entravam toda hora no ar com boletins atualizando o caso.

Até enquetes foram realizadas para saber se o Neto merecia ou não ser punido. A mobilização e a notoriedade foram tamanhas que, na ocasião, fui procurado até por partidos políticos para ser candidato a deputado.

O legal é que o Neto pediu para o Vicente Matheus me procurar. Mesmo tendo um departamento jurídico, o presidente atendeu ao pedido. Na verdade a defesa dele no tribunal contou comigo e o Sérgio Grassine, que trabalhava no clube.

Uma das coisas que pesava contra era o fato de um jogador iugoslavo ter feito a mesma coisa e ter pego um gancho de um ano. Virou parâmetro de comparação. Mas sabíamos que todo esse tempo sem jogar arrebentaria com a carreira do Neto. Para nossa sorte, outra coisa que não foi percebida no processo é que uma cusparada é um crime doloso e não culposo como foi julgado. Para cuspir em alguém é preciso premeditar. Ninguém viu isso.

As imagens da TV também eram fortes indícios contra ele. Não tinha como comprovar o contrário. E, como o campeonato vinha muito violento, o tribunal queria usar o caso do Neto como exemplo para os outros jogadores.

Nosso trabalho na defesa era provar que o Neto foi provocado a ter aquela reação. E acabamos até que fazendo uma tese lógica e bastante consistente. Os integrantes votaram na punição mínima de 120 dias, o que para nós foi uma vitória. O melhor foi cumprir só 78 dias por causa das férias e da anistia do Papa."

"É claro que a arbitragem influenciou. E não foi só o Aparecido. A Federação trocou todo o trio em cima da hora. Tiraram os auxiliares de ofício e colocaram árbitros para bandeirar. Os caras nunca tinham exercido aquela função. Absurdo!"
(Nelsinho Baptista, técnico do Corinthians em 1993)

Na fila há 17 anos, o Palmeiras se consagrava em cima do maior rival.

"Aquilo pra mim marcou demais. Foi a única vez que chorei como jogador." *(Neto)*

Após a decepção no Paulista, o Timão estava pronto para jogar o Rio-São Paulo, torneio que era realizado desde 1966. Na estreia contra a Portuguesa, dois gols de Neto e resultado positivo garantido: dois a um. Aqueles seriam os últimos do camisa 10 em sua primeira passagem pelo Parque São Jorge. Já a última apresentação foi na rodada seguinte. Nova vitória, um a zero no Botafogo.

O que se viu a partir dali foi uma reformulação total do elenco. A diretoria trouxe do Mogi Mirim quatro jogadores que se destacaram no chamado Carrossel Caipira: o lateral Admílson, os meias Rivaldo e Válber, além do atacante Leto. Na primeira partida do quarteto, show no Pacaembu! Quatro a três, com direito a três gols de Válber. Parecia que um novo "10" estava surgindo. Àquela altura, Neto estava cada vez menos prestigiado no clube.

Afastado do grupo, Neto viu de longe o tal Carrossel Corinthiano sucumbir diante da qualidade de Edmundo, que fez dois gols e comandou o mistão palmeirense. No segundo jogo, o empate sem gols significou perder novamente um título para o maior rival. Não tinha jeito. Nelsinho Baptista acabou demitido. Assumiu o comando Mário Sérgio, ex-jogador e comentarista de TV.

O MELANCÓLICO ADEUS

"Minha saída do Corinthians não foi pela grana. A verdade é que o Mário Sérgio e o Toninho de Oliveira me derrubaram. Ficaram falando que ninguém gostava de mim. Fizeram minha cabeça para que eu saísse. Só depois fui ver que a torcida me amava." *(Neto)*

Prestes a começar o Brasileirão, o novo treinador montou o planejamento para a sequência da temporada. Neto não estava incluído no elenco pretendido.

"Sabia que seria difícil trabalhar com o Mário Sérgio. No início da carreira dele como comentarista, ele quis crescer no meu nome. Me perseguia direto. Falava, por exemplo, que eu não acertava um lançamento. Ele só podia estar cego, né?" *(Neto)*

Antes do início do campeonato, Neto aceitou uma proposta do Millonarios da Colômbia. Estava chegando ao fim um caso de amor que parecia ser eterno.

"Minha saída foi triste. Não tinha noção desse carinho do torcedor. Mas o Mário Sérgio articulou tão bem que conseguiu o que queria. De qualquer forma, ganhei uma boa grana e era a oportunidade de disputar mais uma Libertadores." *(Neto)*

Em setembro de 1993 o meia-esquerda se despediu do clube onde conquistou suas maiores alegrias. Estava na hora de dizer adeus ao local que lhe deu fama, dinheiro e o carinho de milhões de torcedores. Nessa primeira passagem, ele disputou 206 partidas e marcou 83 gols oficiais, sendo 67 com o pé esquerdo (desses, 25 foram de faltas cobradas, nove pênaltis, dois olímpicos e um de bicicleta), nove com o pé direito e sete de cabeça.

8

O SUMIÇO DO CRAQUE

Em caso de amor e ódio com a Fiel, pintou a oportunidade real de Neto deixar o Timão. O interesse partia do Millonarios de Bogotá, uma das maiores potências do futebol colombiano. A negociação com o craque começou durante a pré-temporada da equipe no interior paulista. O diretor de futebol, Luiz Henrique de Menezes, foi quem comunicou o jogador.

> "Lembro que a proposta foi boa para o clube. Deixamos tudo acertado, só aguardando a palavra do Neto. A vontade dele decidiria."
> *(Luiz Henrique de Menezes, diretor de futebol do Corinthians em 1993)*

Por US$ 850 mil, o maior ídolo corinthiano da década deixava o clube que o consagrou no mundo da bola. Se arrependimento matasse...

"Ninguém impôs minha saída do Corinthians. Os dirigentes do Millonarios vieram e me fizeram uma boa proposta. Como já estava emocionalmente abalado, acabei aceitando. Mas hoje me arrependo."
(Neto)

O meia acertou um contrato de uma temporada. A partir dali a imprensa esportiva colombiana só noticiava uma coisa: o Club Deportivo Los Millonarios tinha um novo camisa 10. A revista *Millos*, especializada em notícias do clube, também destacou a chegada do jogador.

"Jose Ferreira Neto, El 10 de Millonarios."
(Revista Millos, *outubro de 1993)*

No texto da matéria de capa, a revista enche o brasileiro de elogios:

"La ilusión de muchos meses, el sueño hecho realidad. Millonarios adquirió el pase del afamado volante de creación brasileño Jose Ferreira Neto. Cuya presencia en cada partido del rentado futbolero profesional, Es motivo de general y justificada expectativa."
(Revista Millos, *outubro de 1993)*

Com mais de seis milhões de habitantes, a capital Bogotá sempre foi o centro comercial e financeiro da Colômbia. Essa seria a nova morada do Xodó da Fiel. Apesar de rodado, ele nunca tinha tido a experiência de morar fora do País. Com a missão de auxiliá-lo, Neto levou o irmão Richard.

"Ele preferiu deixar a Ana (esposa) no Brasil porque tinha medo de como seria a vida na Colômbia. Fui com ele para ajudá-lo. Fazia até comida todos os dias."
(Richard dos Santos Ferreira, irmão do Neto)

O desembarque na Colômbia foi cercado de regalias. Vários torcedores, inclusive o presidente do clube, Francisco Feoli Bonilla, foram recepcioná-lo no aeroporto. Morou em um hotel no centro da cidade durante o primeiro mês. No início a adaptação foi complicada.

> **"Em todos os lugares que eu ia tinha caras com metralhadoras na rua. Quando ia a um restaurante, tinha um sujeito armado na porta. Era feia a coisa lá. No shopping você nem podia entrar com o táxi. Os caras tinham medo de táxi-bomba. É mole?"** *(Neto)*

O clima político do país também contaminava o ambiente interno do Millonarios.

> **"Eu sabia que um dos donos do time era traficante de drogas. Às vezes ele dava umas duras nos caras que você ficava com um pé atrás de levantar a voz."** *(Neto)*

Com o tempo de treinamento, o brasileiro começou a perceber que os 2640 metros de altitude de Bogotá poderiam prejudicar seu melhor rendimento físico. A falta de ar nas arrancadas incomodava. Ainda assim, a qualidade técnica o diferenciava da maioria dos jogadores. Àquela altura Neto já era um dos principais astros do Campeonato Colombiano. A potência na canhota impressionava a comissão técnica.

O camisa 10 era até então um dos destaques do Millonarios, que tinha como principais adversários o Nacional de Medellín e o Atlético Junior de Barranquilla.

Sábado, 18 de setembro de 1993. Primeiro clássico do Neto na Colômbia. O estádio Nemésio Camacho, conhecido como El Campín, estava lotado para acompanhar o duelo entre Millonarios e Nacional. O único gol do jogo foi marcado por Neto em uma cobrança de falta magistral. Mas,

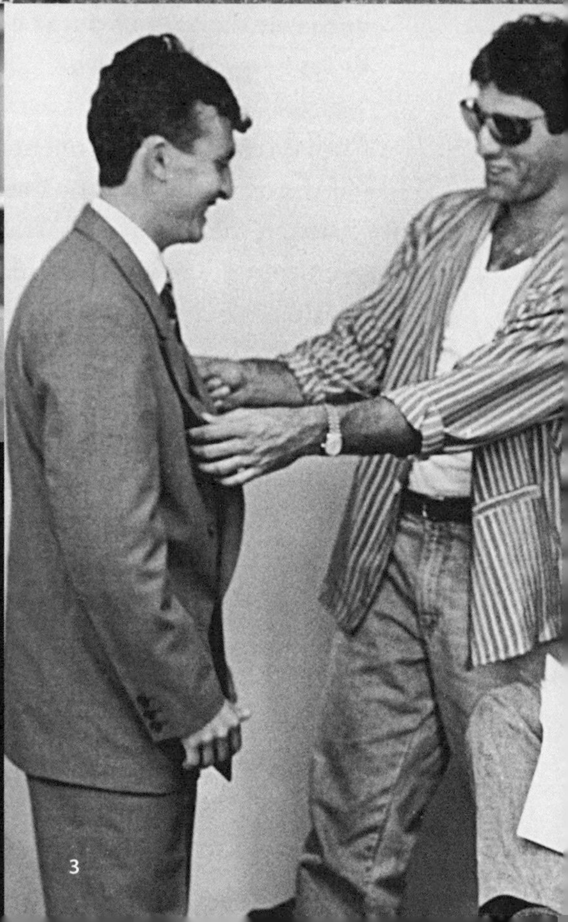

1 Posando após o jogo com colegas de Millonarios e o irmão Richard

2 Dia da apresentação no Millonarios de Bogotá

3 Recebido no Atlético-MG por Renato Gaúcho para formar a Selegalo

para se mostrar por completo, o irreverente brasileiro foi expulso após um carrinho violento no adversário.

> **"O Córdoba (goleiro) ficou fazendo graça e falando merda. Esperei o juiz se distrair e desci a porrada nele. Como era folgado, viu? Mas acabei expulso porque dei um carrinho no lateral."** *(Neto)*

Mais ambientado ao clima da cidade, Neto decidiu alugar um apartamento próximo do clube. No entanto, ele e o irmão ainda sofriam um pouco com o choque cultural.

> "O Neto me pediu para comprar espuma de barbear. Fui ao mercado com meu portunhol e consegui. Mas depois que ele começou a fazer a barba percebeu que era pasta de dente. Ficou puto comigo."
> *(Richard dos Santos Ferreira, irmão do Neto)*

O sonho de virar ídolo da torcida colombiana durou poucos meses. Como o Millonarios atrasou uma das parcelas do pagamento ao Corinthians, o negócio foi desfeito. O meia retornou ao Brasil. Em mais de três meses, ele disputou nove partidas com a camisa azul e marcou cinco gols.

REPATRIADO PELO MINEIRO, UAI!

Os milhares de dólares foram uma doce ilusão. O Millonarios pagou apenas os três meses de salário do atleta. Mal chegou de volta ao Brasil e apareceu outro clube interessado: o Atlético-MG.

> **"Eles não me pagaram. Coube ao Dualib acertar o que tinha prometido comigo. Só que ali o Atlético Mineiro manifestou o interesse de comprar meu passe. Facilitou tudo."** *(Neto)*

Os mineiros estavam planejando a montagem de um grande time. Muitas estrelas do futebol brasileiro foram contratadas. Além de Neto vieram outros nomes, como Luiz Carlos Winck, o zagueiro Adílson e os atacantes Gaúcho e Renato Gaúcho.

No dia da apresentação no Galo, o Centro de Treinamento estava lotado. Mais de cinco mil torcedores se espremiam para ver os novos reforços. A bateria de fogos de artifício da Galoucura, maior organizada do clube, dava o tom da festa. Há muito tempo o Atlético-MG não montava uma equipe tão forte. O responsável por comandar aquela constelação de craques seria o experiente Valdir Espinosa.

Mas a expectativa positiva de todos foi quebrada logo no primeiro treino coletivo.

> **"No primeiro coletivo os titulares perderam para os reservas por dois a zero. Dois gols do menino Reinaldo."** *(Neto)*

Em 1994 o Campeonato Mineiro foi disputado no sistema de pontos corridos. Ou seja, 15 equipes jogavam entre si, em turno e returno, para decidir quem ficaria com a taça. E o Galo começou bem a campanha, com Neto, como sempre, sendo uma arma importante nas bolas paradas. Na estreia, contra o Valeriodoce, uma vitória por três a zero. O camisa 10 fez o primeiro e deu assistência para os outros dois. Um início positivo. No entanto, não demorou muito para acontecer o primeiro desentendimento. Durante um treinamento, com Neto no time reserva, o zagueiro uruguaio Canápis deu uma entrada violenta no atacante Reinaldo.

> **"Apelei com o gringo! Falei um monte de merda pra ele e para o Espinosa. O cara estava descendo a lenha no moleque. Fui expulso com dez minutos de coletivo."** *(Neto)*

A partir dali o Galo virou um barril de pólvora. Os desentendimentos não paravam de acontecer, normalmente relacionados a conflitos de ego. Tudo levava a crer que os altos salários pagos para as estrelas estavam deixando os demais jogadores descontentes.

"Não existia profissionalismo nem comando naquele time. Todo o mundo sabia que o Renato mandava mais que o Espinosa." *(Neto)*

Apesar de a fogueira das vaidades estar sempre presente no lado alvinegro das Minas Gerais, o Atlético-MG disputou ponto a ponto o título com o arquirrival Cruzeiro.

"Montamos uma grande equipe. Só não tivemos tempo para trabalhar o entrosamento. O vice-campeonato foi um excelente resultado. Era difícil cobrar imediatismo."
(Renato Gaúcho, atacante do Atlético-MG em 1994)

Neto disputou apenas o primeiro semestre de 1994 pelo Galo. Fez 13 jogos e marcou apenas um gol, exatamente o do primeiro jogo. Para a disputa do Brasileirão, foi a vez do Santos querer o futebol do meia-esquerda. A proposta interessou os mineiros. Em troca de Neto, o Peixe cederia o passe do lateral Dinho em definitivo e mais uma boa quantia em dinheiro. Negócio fechado!

9

NO REINO DE PELÉ

Com pouco dinheiro em caixa, o presidente Samir Abul-Hak e os diretores Clodoaldo e José Paulo Fernandes se reuniram para formar o novo elenco do Santos para o Brasileiro de 1994. Precisavam de jogadores de qualidade. Principalmente após a saída de Ricardo Rocha e Almir. Na ocasião, a possibilidade da contratação de Neto animou a todos na Vila Belmiro.

"Soubemos que o Neto queria voltar para São Paulo. Nós o procuramos em Minas e acertamos seu retorno. Era o craque de que precisávamos naquele momento." *(Clodoaldo, diretor de futebol do Santos em 1994)*

Atuar com a camisa 10 do Santos era a grande chance de voltar ao centro da mídia. Afinal, era a camisa consagrada pelo Rei Pelé. Mas a responsabilidade e a pressão seriam enormes. Principalmente porque o Peixe não conquistava nenhum título de relevância havia dez anos. A massa santista não aguentava mais a gozação dos torcedores adversários.

Herói da última conquista santista, o Paulistão de 1984, o artilheiro Serginho Chulapa agora era o treinador da equipe. Com poucos jogadores de renome, ele apostaria na marcação e no fator casa para alcançar os resultados. Àquela altura, o meia-esquerda era a grande esperança de dar qualidade ao time. Toda a imprensa local transformou Neto no sucessor de Pelé.

"Fiquei um ano afastado da mídia. Precisava voltar e arrebentar. Jogar no Santos era a chance de que eu precisava!" *(Neto)*

"Lembro que liguei para dar as boas-vindas. Ele sempre foi bom jogador. Tinha tudo para dar certo no Peixe."
(Serginho Chulapa, técnico do Santos em 1994)

Ser bem recebido pelo treinador já era meio caminho andado. Mas ainda faltava uma apresentação oficial. Ninguém imaginava como seria a reação da torcida na Vila Belmiro. Afinal, até outro dia, Neto era o grande ídolo do rival.

Tudo correu perfeitamente bem. O respeito e a admiração do público superaram qualquer rivalidade. Aquilo era a cereja no bolo. Agora só faltava jogar bola.

Domingo, 14 de agosto de 1994. Neto vestia pela primeira vez a camisa eternizada pelo rei do futebol. A meta era contribuir para a classificação nas semifinais. Apenas o primeiro de cada chave conseguiria tal proeza (eram seis chaves de quatro times cada). O Peixe começou com o pé direito de Paulinho Kobayashi, que fez o único gol da vitória contra o Remo. O camisa 10 infernizava os goleiros com suas bolas paradas venenosas.

O início de campeonato para a equipe da Vila foi sensacional. Três vitórias, um empate e a liderança isolada. Mas foi só até pegar pela frente o Guarani da dupla Luizão e Amoroso. Em grande fase, cada um fez dois gols, garantindo a goleada dos bugrinos.

Quarta-feira, 31 de agosto de 1994. No jogo seguinte, contra o Bahia, o pouco público do estádio da Fonte Nova presenciaria o primeiro gol de Neto com a camisa 10 do Rei Pelé. Foi um belo chute da intermediária que entrou no ângulo do goleiro. Só não impediu a derrota para o Tricolor da Boa Terra por dois a um. O resultado prejudicou demais as pretensões santistas, e o clube não conseguiu se classificar antecipadamente para as semifinais.

Nesse período o titular da camisa 10 do Santos era Neto. Mas a escassez de gols e o desempenho irregular fizeram até Pelé criticá-lo publicamente.

"O Neto é um jogador muito velho para receber um salário tão alto."
(Pelé)

Apesar da má fase técnica, o jogador procurava se dedicar ao máximo nos treinamentos físicos. Sabia que aquilo era fundamental para uma volta por cima.

"Ele treina comigo até nos dias de folga do elenco. A força de vontade dele é surpreendente."
(Vítor Del Decchio, preparador físico do Santos em 1994)

O regulamento da segunda fase era uma tremenda confusão. E o Peixe começou mal, com derrotas para Palmeiras, São Paulo e Bahia. Entretanto, coincidência ou não, um trabalho psicológico intenso mudou a postura do elenco. As vitórias começaram a aparecer.

Contra o Vasco, o meia fez o gol que abriu a vitória por três a zero. Depois, frente ao Inter, outra grande atuação. Outra grande vitória. Um a zero em pleno Beira Rio, em Porto Alegre. O gol solitário de cabeça de Macedo surgiu depois do cruzamento milimétrico de Neto. Tudo corria bem. Melhor impossível.

"Foi minha melhor fase no Santos. Eu me dava bem com todo mundo lá. Lembro que, naquela época, o Narciso e o Giovanni [que se tornariam ídolos do clube] nem faziam coletivo. Tinha que dar carona para que eles economizassem o dinheiro do ônibus." *(Neto)*

FIÉIS INIMIGOS

O Santos passava por uma situação curiosa naquele Nacional. Alternava altos e baixos, mas, ainda assim, vencia mais do que perdia. Só que a pressão sobre o time era terrível, com direito a muitos protestos de torcedores. E chegava a hora de encarar o Corinthians. Seria a oportunidade perfeita para ganhar o apoio de todos. Por sinal, esse foi o primeiro encontro do Xodó com o Timão depois da consagração do início da década. Só que dessa vez Neto subiu ao gramado do Pacaembu como um dos reservas.

Já classificado, o Corinthians foi a campo sem seu principal artilheiro, Viola. Mesmo assim, abriu dois gols de vantagem ainda no primeiro tempo, com os atacantes Marques e Tupãzinho. Na virada de lado, os poucos mais de 13 mil torcedores passaram por uma sensação estranha. Viram Neto se aquecer para entrar no rival.

Se o sentimento era ruim, piorou minutos depois. O volante Gallo lançou para o meia na intermediária, que arrancou em direção ao gol, cortou o zagueiro Gralak e, de pé direito, fez um golaço. Azar do goleiro Ricardo Pinto, que nada pôde fazer. Pena que a obra de arte não impediu mais uma derrota santista.

"Lembro que fiz o gol e fui comemorar com o Serginho lá na arquibancada. Ele sempre foi um cara decente comigo." *(Neto)*

O desastre fez a imprensa cair de pau sobre a irregularidade do Peixe. Ao explicar o mau resultado no clássico, o técnico Serginho Chulapa se ofendeu com a pergunta do repórter Gilvan Ribeiro e o agrediu.

"Quando o Serginho deu aquela cabeçada no Gilvan, começou meu martírio no Santos." *(Neto)*

A atitude intempestiva do treinador repercutiu como uma bomba na mídia esportiva. A ponto, inclusive, de pedirem sua cabeça no clube. Serginho foi demitido. Para ocupar seu lugar chegou Joãozinho.

"Na verdade o Pelé que me queimou no Santos. Deu entrevistas dizendo que eu e o Guga éramos muito velhos. Aí o Joãozinho foi no embalo e começou a me sacanear. Parou de me relacionar para os jogos." *(Neto)*

O último jogo do meia pelo Santos foi contra o Grêmio, em Porto Alegre. A derrota por um a zero eliminou o time da Vila daquele Campeonato Brasileiro.

"Eu me recordo que nesse jogo o Joãozinho me substituiu quando eu estava bem. Depois chamei ele de burro nos microfones." *(Neto)*

A declaração revoltou a diretoria, que resolveu colocar o passe de Neto à venda. Após 18 partidas e três gols, chegava ao fim a curta passagem de Neto pelo Santos.

CIGANO DO ESPORTE BRETÃO

Brigado com o treinador e encostado pela diretoria santista, o jogador teve o passe fixado em R$ 1 milhão. O primeiro que depositasse o dinheiro, levava o futebol do meia-esquerda.

"O clima para o Neto no clube estava insustentável. Foi quando apareceu a proposta de empréstimo do Matsubara. O Neto aceitou e foi embora." *(José Paulo Fernandes, diretor do Santos em 1994)*

A Sociedade Esportiva Matsubara, clube fundado por uma tradicional família japonesa, tinha como sede a cidade de Londrina, no Paraná. A diretoria buscava um grande nome para alavancar o time no Estadual. Neto era o cara!

"Adorei morar em Londrina. Foi um período muito legal na minha vida." *(Neto)*

Com um elenco de jogadores desconhecidos no cenário nacional, guardadas as devidas proporções, Neto sentia que aquela poderia ser a oportunidade de reeditar o Corinthians de 1990. Afinal, mais uma vez toda a responsabilidade cairia nas costas do camisa 10.

Na primeira fase do Campeonato Paranaense, o Matsubara fez uma campanha regular, alcançando apenas a quinta colocação. O líder Paraná Clube se classificou antecipadamente para a final. Já na fase seguinte despontou a capacidade técnica do Xodó. Em sete jogos, foram cinco vitórias. Apenas uma derrota. A equipe ficou com o título do turno e de quebra também se garantiu na semifinal.

"Nosso time era bem mais ou menos. Mas fecharam comigo e por pouco não fomos campeões. No Matsubara resgatei minha vontade de jogar bola." *(Neto)*

O adversário nas semi era o poderoso Coritiba. Quem vencesse enfrentaria o Paraná na grande final do Estadual.

Quarta-feira, 26 de julho de 1995. Festa no Estádio do Café, em Londrina, para o primeiro jogo decisivo entre Matsubara e Coritiba. Em uma grande atuação dos comandados do técnico Warley de Carvalho, os donos da casa venceram por dois a um e largaram na frente na disputa. Fatídicos 90 minutos separavam a equipe do craque Neto da grande final.

1 Em ação com a camisa do Santos

2 Apresentado com festa na Vila Belmiro

3 Jogando pelo Matsubara em 1995

Só que na partida de volta, no domingo seguinte, a força da torcida Coxa-Branca estremeceu o adversário. Vitória por dois a zero. O Coritiba ficou com a vaga.

Entretanto, a eliminação não foi motivo de desespero. A honrosa terceira posição foi valorizada por todos. Algo inédito e histórico. Afinal, a equipe fazia apenas sua terceira participação no Campeonato. Mas como o clube não disputava o Brasileiro, não tinha como manter Neto no time. Foi devolvido. Ao todo, ele disputou 26 partidas pelo Matsubara e fez 11 gols.

> **"Fui muito bem tratado no Matsubara. Fiquei sete meses lá como capitão e artilheiro do time. Mas depois tive que voltar."** *(Neto)*

Ainda com problemas na Vila Belmiro, ele mudou de itinerário. Em vez de descer a serra, se mandou para o apartamento em Campinas. Ali ficaria à espera de uma nova oportunidade de trabalho. Enquanto não pintava nada interessante, mantinha a forma no Brinco de Ouro, sua velha casa. Certo dia, após um treinamento físico, veio a ideia:

— Por que não o Guarani?

A partir dali cresceu a vontade de voltar a vestir a camisa do Guarani. Decidiu então bater na porta da presidência.

> "O Neto me pediu para voltar. Disse até que conseguiria a liberação de graça do Santos. Ele estava meio fora de forma, mesmo assim concordei." *(Beto Zini, presidente do Guarani em 1995)*

Entusiasmado, mesmo sem falar com a diretoria do Peixe, o jogador desceu as escadas anunciando para todos os repórteres que seria o novo reforço do Bugre no Brasileiro. Como não poderia ser diferente, as manchetes dos jornais só falavam disso:

"Neto diz que jogará no Guarani ainda este ano."
(Diário do Povo, *17/08/1995)*

Apesar de o Santos inicialmente divulgar a negociação definitiva do jogador com o tempo, tudo se encaminhou para um final feliz. Com algumas implicações, é claro!

"Para ficar com o Neto tivemos que fazer um rolo danado. Emprestamos o zagueiro Adílson para o Santos. E, como o Flamengo devia R$ 60 mil para nós, o Kléber Leite ofereceu o Marcos Adriano ao Peixe para saldar esse valor." *(Beto Zini, presidente do Guarani em 1995)*

Quarta-feira, 30 de agosto de 1995. Depois de uma novela que durou mais de um mês, Guarani e Santos finalmente acertaram as bases contratuais. Como diz o ditado: o bom filho a casa torna. Tudo conspirava a favor de Neto. O técnico era Pepe, com quem ele já havia trabalhado no São Paulo. O elenco tinha como principais estrelas os jovens Djalminha e Luizão.

O Xodó reestreou no Bugre apenas na quarta rodada. Justamente contra o forte time do Flamengo, que na ocasião contava com o ataque dos sonhos de Romário, Sávio e Edmundo. Na ausência dos craques, que estavam suspensos, o camisa 10 foi a esperança de gols do Guarani. Mas a partida, realizada no estádio Mané Garricha, em Brasília, acabou em um zero a zero sem graça.

"Lembro que nesse jogo quase fiz um gol olímpico." *(Neto)*

Mas uma campanha ruim na primeira fase fez Pepe ser substituído por Nicanor de Carvalho.

"O Beto Zini influenciava demais os treinadores nas escalações do time. Teve um clássico contra o São Paulo que o Nicanor me garantiu

na equipe. Treinei para arrebentar! Mas na hora da preleção fiquei no banco. Ele nem deu satisfação. Depois fiquei sabendo que tinha sido ordem do presidente." *(Neto)*

O novo comandante também não resolveu a situação do Bugre na competição. O time terminou o Brasileiro na 19ª colocação, bem ameaçado de rebaixamento.

"Fiz um gol importantíssimo nesse campeonato. O Guarani estava praticamente rebaixado e fomos a Porto Alegre para um jogo de vida ou morte contra o Inter. Marquei um gol de cabeça, vencemos e salvei o time do rebaixamento." *(Neto)*

O retorno de Neto ao Guarani durou pouco mais de três meses. Mas até hoje ele é considerado um dos maiores ídolos da história do clube. Contando toda a sua passagem pelo Brinco de Ouro, o meia realizou 212 partidas e marcou 57 gols. Esses números fazem dele o sexto maior artilheiro bugrino da Era Profissional.

O CALOTE VEM DO INTERIOR

A temporada de 1996 começou com a Associação Esportiva Araçatuba fazendo uma nova proposta de empréstimo do passe de Neto ao Santos. Logo de início, o jogador ficou receoso com mais uma troca de clube.

"Já sabia que eles tinham fama de maus pagadores. Para me garantir, tentei fazer um contrato bem calçado." *(Neto)*

Em meio aos trabalhos físicos para o início do Paulistão, o novo meia do AEA sentiu que alguma coisa poderia estar errada. Tinha muita gente acompanhando os treinos. Muitos palpites. Aquilo deixava o clima carregado. A pressão era grande. E ali começaram os primeiros problemas internos.

"Começamos mal o campeonato e disseram que o elenco estava descontente porque eu ganhava demais. Mas sabia que não era verdade. O problema é que eles não tinham grana pra me pagar e inventaram essa desculpa." *(Neto)*

Em contrapartida o clube alegava que o jogador chegava constantemente atrasado aos treinamentos. Era acusado de frequentar sempre os bares e casas noturnas da região.

"O Neto chegava atrasado direto. Treinava muito pouco. E, na hora de jogar, não decidia como o esperado. Ganhava muito pela bolinha que estava jogando."
(Antônio Edwaldo Costa, o Dunga, diretor de futebol do Araçatuba em 1996)

O atraso constante nos pagamentos fez Neto parar de jogar. E, para completar, acionou o clube judicialmente.

"Foi um baita rolo. Venci o processo em primeira instância. Depois meu advogado perdeu o prazo no andamento do processo. Fiquei puto e desisti de tudo! Ali, pela primeira vez, pensei em parar de jogar bola." *(Neto)*

No final das contas, o jogador rescindiu o contrato com o AEA. Em pouco mais de 60 dias, não deixou uma marca positiva.

"Falei tão mal do Araçatuba que as pessoas confundiram. Achavam que estava criticando a cidade. Mas não era aquilo. Os dirigentes me sacanearam." *(Neto)*

1

2

1 Guarani x Bragantino, Brasileirão de 1995

2 Se refrescando do calor de Campinas

10

NEM TÚLIO, NEM MIRANDINHA... CHAMA O NETO!!!

A conturbada saída do Araçatuba deixou o Xodó triste. Aos 30 anos já pensava em uma aposentadoria precoce. As manchetes dos jornais esportivos não citavam mais o jogador. A não ser negativamente, principalmente pelos processos trabalhistas movidos contra o AEA. Aproveitou o período para operar os ligamentos do tornozelo. E nada melhor do que voltar um pouco ao passado e utilizar o renomado Reffis do São Paulo para realizar o trabalho de fisioterapia. Enquanto se recuperava, esperava o interesse de outros clubes em seu futebol.

> **"Meu passe ainda pertencia ao Santos. Mas não queria fazer fisioterapia lá. Então pedi ao presidente Fernando Casal Del Rey para me recuperar lá. Ele foi muito atencioso. Aliás, todos me trataram com carinho."** *(Neto)*

Sabendo da situação do ídolo, a torcida corinthiana começou a pressionar a diretoria para trazê-lo de volta. O lobby da Fiel fez com que Wadih Coury, diretor da época, pedisse o aval do treinador. E era ninguém menos que Nelsinho Baptista, o mesmo comandante do título de 1990.

> "Tinha dúvidas quanto à situação clínica dele. Se bem resolvida, era certo que seria um grande reforço para nós."
> *(Nelsinho Baptista, técnico do Corinthians em 1996)*

O jogador estava radiante. Voltaria finalmente a vestir a camisa que o consagrou no futebol. Só que, a partir dali, o trabalho físico tinha que ser intenso. Não podia fazer feio. Para queimar os quilos a mais que o separavam do peso ideal, treinamento em três períodos. Um incentivo dado pela comissão técnica foi a participação de Neto na São Silvestre, tradicional maratona da capital paulista realizada no final do ano. Todo esse esforço aliado a uma rigorosa dieta alimentar colocou o Xodó na ponta dos cascos rapidamente.

> "Fizemos um excelente trabalho com o Neto. Em pouco tempo já estava pronto para jogar." *(Renato Lotufo, fisiologista do Corinthians em 1996)*

Corria na ocasião o Campeonato Brasileiro de 1996. Foram jogos contra os 23 principais clubes do País. E Nelsinho tinha nas mãos um elenco bem limitado tecnicamente. Neto retornava a um grupo com os desconhecidos Marcus Alemão, Joel e o sul-africano Mark Frank-Willians. Entre as estrelas, apenas o goleiro Ronaldo, o zagueiro Célio Silva e o meia Marcelinho Carioca.

> **"Ao contrário de quando cheguei em 1989, agora os caras me receberam bem. Os torcedores sempre pediam minha entrada."**
> *(Neto)*

Neto reestrearia apenas no finalzinho da competição, na 19ª rodada, contra o Sport Recife na Ilha do Retiro. O camisa 10 entrou como titular, mas a expulsão do zagueiro Henrique forçou o treinador a colocar o jovem Ricardo Mendes em seu lugar. No final os paulistas voltaram da capital pernambucana com um modesto empate sem gols.

Naquela altura faltavam apenas quatro partidas para o fim da competição, das quais três eram dentro de seus domínios. O Timão vinha com uma campanha regular. Bastavam apenas duas vitórias para a classificação aos *play-offs*.

Logo de cara, um empate inesperado sem gols contra o Bahia no Pacaembu. Na sequência viria o Goiás. Era matar ou morrer!

Sábado, 16 de novembro de 1996. Um Morumbi com pouco mais de oito mil pagantes viram o Xodó da Fiel marcar seu último gol pelo Corinthians. E justamente da maneira que mais gostava – em cobrança de falta milimétrica. A camisa não era a que o consagrou. Dessa vez o 17 estampava suas costas.

"Lembro que o Célio Silva queria bater. Mas a bola estava para mim. Chamei a responsabilidade e entrou no ângulo. Depois corri para o banco e abracei o Nelsinho. Dediquei aquele gol a ele." *(Neto)*

O gol de Neto foi o do empate por um a um. Resultado que praticamente encerraria as chances corinthianas na competição. Na verdade, o adeus mesmo viria na rodada seguinte. Derrota para o Inter em Porto Alegre. Na ocasião, Marcelinho Carioca e Neto levaram cartão vermelho. Já era. A equipe alvinegra concluiria o campeonato em 12º lugar. Foi exatamente ali que surgiu a oportunidade de o clube fechar parceria com uma grande empresa do ramo financeiro. Tudo era tratado a sete chaves. Poderia ser a realização do sonho da torcida de consolidar um clube forte, com grandes jogadores.

QUE PALMEIRAS/PARMALAT, QUE NADA!

A temporada de 1997 começou com uma grande novidade. O Corinthians assinou um acordo com o Banco Excel. Pelo contrato, o novo parceiro despejaria um caminhão de dinheiro no Parque São Jorge, que seria usado na contratação de grandes atletas. De cara foram investidos mais de R$ 10 milhões na apresentação de sete novos reforços: os zagueiros Antônio Carlos Zago e Sangaletti, o lateral André Luiz, além dos volantes Fábio Augusto e Romeu e dos atacantes Donizete e Túlio Maravilha. Isso fez do Timão o maior favorito para conquistar o Paulistão.

Mas, com o passar do tempo e dos treinamentos, Nelsinho optou por formar um meio-campo mais jovem, com Fábio Augusto, Sylvinho (improvisado), Marcelinho e Souza. Nisso, quem acabou dançando foi Neto. Mas nem por isso ficou chateado. Agora tudo era diferente. Mais experiente, percebia o valor nas coisas menores.

> **"Sinceramente já não me importava se jogava muito ou pouco. Só o prazer de estar de volta ao Corinthians me deixava radiante. Consegui finalmente perceber como eu era importante para o torcedor."**
> *(Neto)*

Com uma trajetória incrível, o Corinthians chegou ao quadrangular final do Estadual com 13 vitórias e apenas quatro derrotas em 23 partidas. Era o momento de encarar os arquirrivais na fase final. O regulamento dizia que todos enfrentariam todos só em jogos de ida. Quem acumulasse mais pontos seria o grande campeão.

Bem acertado taticamente, o Timão suou, mas venceu o Peixe na primeira rodada do quadrangular: quatro a três. No duelo seguinte, contra o Palmeiras, nova vitória: dois a zero, gols do zagueiro Henrique e Mirandinha. Na reserva, Neto era pouco utilizado. E foi assim também no último jogo, que foi encarado como uma final antecipada. Um simples empate daria o título aos corinthianos. Uma derrota consagraria a equipe do goleiro Rogério Ceni.

E com o gol do lateral André Luiz, o Timão asseguraria seu 22° troféu do Paulistão, superando os 21 do Palmeiras e isolando-se como maior vencedor do Estado. O Xodó atuou em apenas oito dos 26 jogos da campanha, mas ficou como opção na maioria. Era a segunda conquista de Estadual da carreira dele (a primeira foi com o São Paulo em 1987). Por ironia do destino, a glória veio no momento em que já pensava na aposentadoria.

> **"Individualmente o time era muito bom. Mas muito desunido. Tinha gente que ganhava uma baita grana e não estava nem aí para o clube. Na minha opinião, ganhamos o campeonato por causa do Nelsinho."** *(Neto)*

Em paralelo ao Campeonato Paulista foi disputada a Copa do Brasil. O Corinthians alternou altos e baixos na competição, da qual quase foi eliminado pelo Juventude ainda na segunda fase. Recuperou-se eliminando o Atlético-MG nas oitavas e goleando o Atlético-PR nas quartas de final. Mas, na semifinal, acabou eliminado pelo Grêmio de Paulo Nunes. Nesse torneio, Neto foi relacionado para as partidas iniciais. Depois foi sendo deixado de lado.

> **"Estava feliz só por estar relacionado. Mas tinha alguns momentos que sabia que poderia jogar. Quando o campeonato afunilava o Nelsinho me esquecia. Fiquei um pouco chateado."** *(Neto)*

O treinador se defende negando um suposto desentendimento com o jogador.

"Não briguei com o Neto em momento algum. O problema dele era físico. Com a perda de peso, ele perdeu potência. Isso atrapalhava o desempenho dele. Achava que tinha outros em melhores condições. Só isso." *(Nelsinho Baptista, técnico do Corinthians em 1997)*

No início do Brasileirão aos poucos a equipe foi se desfazendo. A diretoria anunciou a venda de André Luiz para o Tenerife da Espanha. Túlio, até então garoto-propaganda do Banco Excel, voltou ao Botafogo (que tinha o mesmo patrocínio). Outros nomes também deixaram o clube. Isso tudo foi a gota d'água para Nelsinho, que pediu demissão. Para o lugar dele chegou Joel Santana, que cultivava um status de muito sucesso no futebol carioca.

Em fase de reformulação e adaptação, o Corinthians acumulou maus resultados no início do Nacional. Sob pressão da torcida, os cartolas ainda trouxeram Edílson e Rincón, dois jogadores que tinham feito muito sucesso no Palmeiras. Mas nada adiantou e a campanha beirava o rebaixamento. A situação começou a ficar insustentável em um duelo na Vila Belmiro.

Terça-feira, 14 de outubro de 1997. O Timão desceu a serra para encarar o Peixe com a obrigação de vitória. No final o placar apontou mais uma derrota: um a zero. Neto esteve em campo substituindo o meia Souza. Mas nada pode fazer. Ali estourou uma crise que por pouco não vira tragédia.

No retorno a São Paulo, o ônibus Mosqueteiro II foi fechado por um grupo de torcedores que começou a apedrejar os vidros. Muita gritaria em tom de ameaça. Foi armada uma verdadeira tocaia contra a delegação.

"Eu abaixei no ônibus e fiquei com muito medo. Mas aquilo foi coisa de marginal. Nunca acreditei que ali estivessem torcedores que realmente amassem o Corinthians." *(Neto)*

Joel saiu antes do esperado. Dirigiu o time em apenas 13 jogos do Brasileiro. Teve assustadoras oito derrotas.

"Respeito muito a história do Joel. Mas foi o pior treinador disparado com quem trabalhei. Não manjava nada! Só ficava com aquela prancheta de lá pra cá." *(Neto)*

Para salvar a pátria, foram buscar Candinho, técnico do vice-campeonato da Portuguesa no ano anterior. Sob novo comando, logo no primeiro jogo, nova derrota. Dessa vez para o Sport Recife, um a zero, gol de Didi. O desespero tomou conta das alamedas do Parque São Jorge. Para escapar do rebaixamento, a equipe precisava vencer os dois últimos jogos, contra Flamengo e Goiás. E não é que São Jorge trabalhou bem?

No primeiro duelo, frente aos cariocas, vitória magra por um a zero, gol do capetinha Edílson. Na decisão com os goianos, outro bom resultado: dois a zero. Mirandinha e Célio Silva fizeram os gols corinthianos que deixaram a equipe na 17ª posição na classificação. O fantasma do rebaixamento foi afastado. Mas o sonho do bi então estava mais distante ainda.

Sábado, 22 de novembro de 1997. O Estádio do Morenão, em Campo Grande, no Mato Grosso do Sul, marcaria a partida de despedida definitiva de Neto com a camisa do Corinthians. A partida contra o Botafogo-RJ era válida pelo Festival Brasileiro de Futebol, torneio criado pela CBF para preencher o calendário do final do ano. O Xodó entrou como titular. Mas a expulsão do zagueiro Antônio Carlos fez Candinho substituí-lo por Henrique na segunda etapa. Os paulistas foram derrotados por três a zero. Neto encerrava ali sua história no Timão.

"Foi meu último jogo pelo Corinthians. Pena que foi com derrota." *(Neto)*

No início de 1998, rompendo o contrato ainda em vigência no Santos, Vanderlei Luxemburgo assumiu a vaga de Candinho. E com a nítida disposição de renovar o elenco, começaram as dispensas. Entre elas, estavam os ídolos Neto e Ronaldo.

> **"Respeito a posição do Luxemburgo. Só achei escrota a maneira como ele fez a dispensa. Cheguei no clube e vi meu nome escrito em um quadro preso com fita crepe na parede. Para, vai! Por tudo o que fiz pelo clube poderia ser mais respeitado."** *(Neto)*

Na segunda passagem pelo Corinthians, o meia fez apenas um gol em 22 partidas, acumulando no total 228 participações com a camisa alvinegra. Balançou a rede 84 vezes e até hoje é idolatrado como um dos maiores personagens da história do clube.

O MAIS FIEL DOS FIÉIS

Com a palavra, Nei Marins (o maior fã do Neto)

"Quando o Neto chegou ao Corinthians fiquei um pouco cabreiro. Até porque todo corinthiano fica com um pé atrás com os caras que vêm do Palmeiras. Mas logo ele começou a jogar bem e marcar muitos gols. Logo me identifiquei com a maneira dele de vibrar. Dava pra ver que ele amava aquela camisa.

Meu jogo inesquecível foi pela Copa do Brasil de 1989 contra o Flamengo. O Corinthians venceu o jogo por quatro a dois, mas acabou eliminado pelo regulamento. Só que o quarto gol nosso foi uma pintura. O Neto fez olímpico, de escanteio. Até hoje aquela imagem não sai da minha memória.

No início dos anos 1990, no auge da carreira dele, acordava cedo nos dias de jogos. Ficava imaginando como o Neto iria fazer nosso gol da vitória.

Já naquela época sonhava em conhecê-lo pessoalmente. Inclusive cheguei a ir várias vezes ao Parque São Jorge. Nunca me deixaram entrar. Voltava triste para casa. Mas minha ansiedade só aumentava.

Em 1993, quando ele deixou o clube, fiquei muito chateado. Ainda assim, tentei encontrá-lo em outros times. Mandava cartas pelo correio, tentava pegar o telefone e nada dava certo. Só que o destino fez ele retornar ao Timão em 1996. Eu me recordo de estar trabalhando e uma colega chegar correndo para me contar a notícia.

No início não acreditei. Depois vibrei muito. Muito mesmo. Tive de ligar o rádio para cair a ficha e acreditar de verdade. Era outra chance que Deus estava me dando de conhecê-lo. E com a ajuda do Ozires Furtado (diretor da Gaviões da Fiel) pude concretizá-la.

Um dia marcamos de ir ao clube. Só que tive problemas em casa e acabei furando com o Ozires. Depois quase morri de remorso, porque soube que o Neto ficou me esperando. Meu Deus! Não sabia o que fazer.

Até que em uma terça-feira fui novamente à Fazendinha. Chegando lá me disseram que o time estava treinando em Itaquera. Não desisti. Peguei o ônibus e fiquei quase duas horas para chegar. Plantei na porta do CT esperando todos os jogadores saírem. Um por um. Até que veio o Neto. Fui até a porta do ônibus e me apresentei. Ele me olhou e perguntou se estava a pé. Quando disse que sim me convidou para ir com o time lá dentro. Quase morri. Peguei autógrafos de todos.

Tenho tudo dele até hoje. Álbuns com fotos e matérias antigas. Ele sempre será meu grande ídolo."

11

QUERO JOGAR!!!

Para Neto a hora de pendurar as chuteiras estava cada vez mais próxima. O calote sofrido em Araçatuba e a conturbada dispensa do Corinthians haviam lhe tirado a vontade de jogar bola. E, quando isso estava prestes a acontecer, surgiu uma nova oportunidade.

> **"O Eli Carlos, irmão do Silas, estava como diretor do Lousano Paulista e me chamou para fazer os últimos sete jogos pelo time na Série B."**
> *(Neto)*

O meia acabou aceitando a incumbência de ajudar a equipe de Jundiaí a tentar o acesso para a elite do futebol de São Paulo. Algo que não acontecia desde 1986, quando ainda utilizava só o nome de Paulista. A Lousano, empresa de fio e cabos elétricos, uma das pioneiras nesse tipo de cogestão, entrava em sua quarta temporada de parceria. No entanto, problemas financeiros fariam daquela sua última temporada de envolvimento no esporte.

Rapidamente Neto se enturmou aos jovens jogadores do elenco. E tinha também um bom relacionamento com o técnico Celso Teixeira, que pretendia acabar com a fama de time do empate (em alusão aos oito resultados de igualdade em 15 rodadas até ali).

"O Neto estava sem jogar uma partida oficial desde o início do ano. Mas sabíamos que o Neto era o Neto. Que ele iria resolver nossos problemas de ataque."
(Eli Carlos, diretor de futebol do Lousano Paulista em 1998)

Domingo, 5 de abril de 1998. Estreia de Neto com a camisa 10 do Lousano Paulista. E, para a sorte de todos, com vitória. Um a zero contra o São Carlense. Para o jogo seguinte, contra o União Barbarense, o esquema do treinador era extremamente defensivo. Só com Neto lá na frente. Àquela altura, o Xodó deixava de ser meia para atuar como um autêntico ponta de lança. O resultado foi novamente positivo: dois a zero. Com direito a um golaço de falta do craque.

Nas sete partidas combinadas em contrato, foram cinco vitórias e duas derrotas. Mas a reação no torneio foi tardia. Pelo regulamento, apenas quatro de 16 equipes se classificavam. E a vaga nas semifinais acabou sendo perdida segundo os critérios de desempate para dois adversários que acumularam a mesma pontuação: Santo André e Barbarense.

"Joguei pra caralho no Lousano! Ali resgatei um pouco da vontade de continuar com minha carreira." *(Neto)*

Com o fim da competição e da temporada, muitas reformulações no Galo do Japi. O Lousano foi substituído pela multinacional italiana Parmalat, que deu um novo nome ao time: Etti-Jundiaí. Eli Carlos também deixou a cidade para assumir a gerência de futebol do Osan de Indaiatuba, que na ocasião disputava a série B1-B do Paulistão. O equivalente à quinta divisão do Estado. E o desempenho positivo na passagem anterior fez o cartola repetir o convite a Neto.

"O Osan estava muito bem no campeonato. Era líder de sua chave.

Contratei o Neto para a gente fechar o torneio com chave de ouro."
(Eli Carlos, gerente de futebol do Osan em 1998)

A longa e consagrada carreira trazia alguns privilégios ao novo reforço do clube.

"Eu não concentrava com o time. Só viajava em dia de jogo e participava dos coletivos às quartas e sextas-feiras." *(Neto)*

O período, entretanto, foi fundamental para Neto perceber o verdadeiro amor que sentia pelo futebol.

"Ali estava jogando por prazer. Não por dinheiro. Ganhava R$ 800 por jogo. O engraçado é que hoje em dia duvido que um jogador de time mediano conseguisse jogar em um time como o Osan. O cara ia ter uma dificuldade tremenda." *(Neto)*

Domingo, 9 de agosto de 1998. Contra o Rio Claro, Neto jogou sua primeira partida pela equipe de Indaiatuba. E começou logo fazendo gol, o segundo, em uma bomba de fora da área. O placar final apontou uma impiedosa goleada por quatro a zero. Na rodada seguinte, contra o desconhecido José Bonifácio, o Xodó reviveu os áureos tempos de Corinthians.

"Jogar em José Bonifácio foi duro. O gramado era ruim e os caras sentavam a bota. Mas goleamos novamente: seis a zero. Fiz metade dos gols." *(Neto)*

O camisa 10 já estava se acostumando aos campos esburacados do interior paulista. Algo que por sinal não via desde os tempos de menino no União Possense. As boas atuações o aproximavam cada vez mais da artilharia da competição. Em sete jogos já havia marcado surpreendentes nove gols, média superior a um gol por partida. Mas um novo interesse de Jundiaí pintou, abreviando a já curta passagem de Neto pelo Osan.

> **"Aprendi muito na minha passagem pelo Osan. Principalmente os valores da vida. Deixar um pouco aquele foco gigantesco e ter mais humildade me ajudou bastante."** *(Neto)*

Os curtos acordos de produtividade que o jogador vinha fazendo foram substituídos por um novo contrato de uma temporada com o Etti-Jundiaí. Como já era fim do ano, só havia tempo para Neto jogar nos últimos jogos do Brasileirão da Série C. Em um desses, o Etti perdeu de dois a um para a Matonense. Mas ficaria marcado pelo recorde do Neto de cobranças de escanteios seguidos. Foram 11 no total.

> **"Minha perna até doía. Uma pena que não foi registrado por nenhuma emissora de TV. Seria legal ter o nome no Guiness Book. Mesmo porque acho que ninguém bateu essa marca ainda."** *(Neto)*

PROBLEMAS PESSOAIS E APOSENTADORIA SILENCIOSA

A temporada de 1999 ficaria marcada como a última na carreira de Neto como jogador de futebol profissional. No início do ano, em plena disputa do Estadual, ele se divorciou da esposa Ana Helena e enfrentou sérias dificuldades emocionais.

> **"A separação da Ana atrapalhou aquela fase da minha carreira. Não conseguia manter o foco no trabalho. Tive de fazer uma verdadeira reflexão de vida."** *(Neto)*

Apesar de viver em crise fora dos gramados, dentro dele tudo corria bem. Aliás, melhor do que o esperado. Com a tradicional camisa 10 o craque voltou a ser referência. Era com ele os escanteios, cobranças de falta e pênaltis. Fazia muitos gols e dava assistências com certa frequência. Vágner Benazzi, técnico da equipe, sabia da força dele dentro do grupo.

> "O Neto era peça fundamental daquele nosso time. Além da qualidade nas bolas paradas, o que foi decisivo pra nós, contava com o carinho do povo de Jundiaí."
> *(Vágner Benazzi, técnico do Etti-Jundiaí em 1999)*

Por sinal, o treinador nunca escondeu a admiração e o respeito pelo lado humano do Xodó.

> "Eu vi com meus próprios olhos ele parar o carro e dar sua blusa para um menino de rua que estava com frio. Aliás, ele tinha a iniciativa de juntar as frutas que sobravam do treinamento para dar aos mendigos."
> *(Vágner Benazzi, técnico do Etti-Jundiaí em 1999)*

A pressão dos conflitos conjugais fez Neto buscar novos ares. Amargurado, aproveitou a proposta da Parmalat para atuar no futebol venezuelano. O destino era o Deportivo Italchacao Futbol Club. Seria praticamente a continuidade do contrato com o Etti, já que o clube gringo também era patrocinado pela empresa.

> **"Aquela poderia ser a oportunidade perfeita para eu ganhar dinheiro e esfriar um pouco a minha cabeça."** *(Neto)*

Sediado na capital Caracas, o Italchacao sofria com a falta de projeção do esporte no país. O futebol sempre foi a terceira força em praticantes, perdendo disparado para o basquete e o beisebol. Ainda assim, a injeção de dinheiro no clube o tornava forte para a disputa do Campeonato Nacional.

A vida de ilustre desconhecido agradava Neto. Acostumado a ser o centro das atenções no Brasil, ele era somente mais um atleta estrangeiro com visto de trabalho na Venezuela. Para se descaracterizar de vez, ainda teve de aceitar o número 25 na camisa.

"Sinceramente achei legal poder pegar ônibus e metrô sem ser reconhecido. Era uma experiência nova para mim." *(Neto)*

Sem um Centro de Treinamento próprio, o Italchacao costumava levar o elenco para treinar no campo da Universidade Central da Venezuela (UCV).

"Os caras não estavam nem aí para o futebol. Às vezes nem água tinha no chuveiro. Jogávamos sempre com os estádios às moscas. Só o salário compensava." *(Neto)*

O último suspiro de Neto no futebol durou cerca de quatro meses. Nesse período, ainda participou de alguns jogos, fazendo seus golzinhos. Mas não tinha mais jeito. Era chegada a hora. Em uma quinta-feira, 25 de novembro de 1999, o Xodó resolveu se aposentar oficialmente. Deixou o treinamento, sem levar as chuteiras, e retornou ao Brasil. Aos 33 anos chegava ao fim a carreira de um dos maiores cobradores de falta de todos os tempos.

"Amo o futebol. Respiro o esporte até hoje. Mas conquistei o meu espaço. Estava na hora de me retirar. Não aguentava mais." *(Neto)*

12

O MAIOR ADVERSÁRIO

Lidar com a responsabilidade de sustentar a família ainda garoto foi o menor dos problemas de Neto. Viver um caso de amor e ódio com as torcidas dos clubes em que jogava ele tirou de letra. A principal batalha do craque durante a vida inteira foi contra a balança. A forte tendência genética à obesidade fazia o jogador viver sob constantes privações alimentares. É verdade que muitas vezes extrapolou a barreira, mas ele sofreu. E como sofreu. Principalmente por constantemente ser visto e taxado como atleta gordo e relaxado.

> **"Ninguém nunca levou em consideração que meu biótipo era diferente dos demais atletas. Não dava para eu ter barriga tanquinho. Nem que fizesse um milhão de abdominais por dia."** *(Neto)*

No início dos anos 1980, quando começou a treinar no Guarani de Campinas, Neto era um menino franzino com muita explosão muscular. Não se observava nenhuma característica física que o diferenciasse dos demais garotos. A não ser, claro, a incrível capacidade técnica com a bola nos pés. Por ironia do destino, ele era um dos mais magros da categoria.

Pelas dificuldades do início da vida, Neto ambicionou muitas coisas materiais, como casas, carros e roupas de grife. Mas em momento algum passou fome. Nem de perto.

> "Não tínhamos luxo. Mas comida nunca faltou. Nossa família sempre foi muito bem alimentada. Dá até pra ver, né?"
> *(Maria Aparecida dos Santos, mãe do Neto)*

Talvez acomodado com o porte atlético que o ritmo de jogos lhe dava, Neto nunca se preocupou com sua condição física.

> **"Não queria nem saber disso. Eu me preocupava em jogar bola e comer. Sempre adorei comer bem. Só fui perceber que não podia exagerar mais tarde."** *(Neto)*

> "Quando treinávamos juntos no amador do Guarani, nós dávamos migué no cooper no Taquaral. Cortávamos no meio do caminho."
> *(Lilico, amigo de infância do Neto)*

Mas certo dia a tática não funcionou conforme o esperado.

> "O massagista viu a gente cortando e nos entregou. Eu fiquei com medo e parei com aquilo. O Neto continuou sempre."
> *(Lilico, amigo de infância do Neto)*

Essa irreverência de Neto nunca foi vista com bons olhos pela diretoria bugrina. Ainda assim, por ser o jogador de maior potencial da base do clube, todos faziam vistas grossas. Durante os primeiros anos como jogador profissional, ele já começou a enfrentar sérios problemas para controlar o peso. Especialmente durante as férias.

> “Depois das férias era um Deus nos acuda! Voltava bem acima do peso e, para fazê-lo voltar à forma física era difícil, viu?”
> *(Francisco Carlos Vigorizo, preparador físico do Guarani em 1985)*

PASTÉIS, BEIRUTES E GUARANÁS

Pouco antes de se transferir ao Bangu em meados de 1986, Neto pontuou na balança 74 quilos. Pareciam exagerados para o biótipo de 1,74 m de altura. Até por isso os treinos físicos com o garoto eram especiais.

> “Tinha que fazer com ele adaptações com bola. Senão ele não se aplicava aos treinos como deveria.”
> *(Francisco Carlos Vigorizo, preparador físico do Guarani em 1985)*

Aos 19 anos o meia-esquerda do Bugre admitia seu grande defeito: a acomodação. As regalias e privilégios recebidos da diretoria de certa forma atrapalhavam o desenvolvimento da carreira daquele jovem astro. Um dos exemplos era a liberação velada para frequentar a pastelaria que ficava próxima ao Brinco de Ouro. Após os treinamentos era rotina o garoto aparecer por lá para matar uns pastéis com massa de pizza. O guaraná gelado também complementava a refeição politicamente incorreta.

Já no Rio de Janeiro, defendendo a equipe de Castor de Andrade, a desordem alimentar foi quase total. Aliás, as mordomias do Hotel Intercontinental contribuíram muito para isso. Tanto é que, no fechamento da conta do mês, o que normalmente se via na fatura eram dezenas de beirutes e refrigerantes. Uma cervejinha ou outra também compunham o cardápio.

Pouco depois Neto desembarcou na capital de São Paulo para arrebentar. Mas os dirigentes do Tricolor já sabiam exatamente o que viria pela frente. Para manter a forma do rapaz, foi chamado o preparador físico Bebeto de Oliveira.

"O Neto chegou no Morumbi muito fora de forma. Fizemos um trabalho pesado com ele. Principalmente após o acidente."
(Bebeto de Oliveira, preparador físico do São Paulo em 1987)

Correr pelas longas vias da Marginal Tietê, em São Paulo, foi uma tática usada pelo preparador físico para colocar Neto em condições de suportar uma partida profissional. Mesmo, claro, contra sua vontade.

"Meu negócio era jogar bola, fazer coletivo e até treinar bolas paradas. O trabalho físico era chato demais. Pelo amor de Deus!" *(Neto)*

Quando deixou o Tricolor, o meia ficou um período sem poder jogar por problemas com a diretoria do Guarani, que detinha seu passe. Nesse tempo a depressão e o desgosto pelo futebol quase o fizeram entrar em colapso. O que aliviava um pouco a neurose eram os saborosos pratos de arroz e feijão da mãe Cida.

Com o tempo o menino reconquistou a vaga no Guarani e arrebentou no Paulistão de 1988. Aquela performance lhe rendeu uma vaga na Seleção Olímpica que disputou os Jogos de Seul. Posteriormente acabou sendo negociado com o Palmeiras. A partir dali, sofreu com as duras imposições do técnico Leão. Os treinos eram duros e os jogadores chegavam até a passar fome.

"Morei com o Neto em 1989. Ele nunca jantava quando chegava em casa à noite. Comecei a estranhar. Depois fui ver que, após o treino, ele passava no McDonald's e pedia duas promoções só pra ele."
(Gaúcho, centroavante do Palmeiras em 1989)

"Não tinha como controlar a boca. Então tentava compensar nos treinamentos." *(Emerson Leão, técnico do Palmeiras em 1989)*

Depois de sofrer com as críticas do treinador, Neto trocou de Parque. O Corinthians a partir dali seria o lugar no qual provaria que o biótipo sem formas definidas não atrapalharia a magia que tinha na perna esquerda.

"Ele chegou arrebentando no Corinthians. Fez quase 30 gols em uma única temporada. O excesso de peso virou fumaça."
(Luiz Ceará, repórter esportivo)

Foi justamente no início da temporada de 1990, que mais tarde seria especial para Neto, que conheceu Flávio Trevisan. Professor de educação física e preparador físico profissional, ele iniciou a carreira em pequenos clubes do interior, como Rio Branco e União Barbarense. Mas foi no vice-campeonato estadual de 1989, no Novorizontino, com o técnico Nelsinho Baptista, que ganhou notoriedade e foi contratado pelo Corinthians.

"Nelsinho e eu sabíamos que aquela era a chance das nossas vidas."
(Flávio Trevisan, preparador físico do Corinthians em 1990)

"Trabalhei muito com o Flavinho. Ele foi fundamental na minha carreira. Sabia das minhas necessidades e limites. Pegava no meu pé com sabedoria." *(Neto)*

O início de trabalho de Trevisan no Timão foi muito proveitoso. Por sinal, na primeira pré-temporada já deu para ver que as coisas não seriam tão fáceis com o meia-esquerda do time.

"Todos estavam bem fisicamente para o período. Menos o Neto e o Dama (zagueiro), que apresentavam claros problemas de peso."
(Flávio Trevisan, preparador físico do Corinthians em 1990)

Depois de um trabalho intenso, Neto atingiu uma porcentagem de 12% de gordura corporal, considerada razoável para um atleta. Ele estava no auge de seu preparo físico. Ao longo da campanha do título brasileiro manteve o peso oscilando entre 72 e 74 quilos. Muito para seus 1,74 metro?

> "Ele parecia ser meio gordinho sim. Mas nessa época ele estava no peso ideal." *(Flávio Trevisan, preparador físico do Corinthians em 1990)*

Neto sempre foi marcado como péssimo exemplo de atleta. Principalmente pela forma displicente de lidar com seu organismo. Ainda assim, a explosão muscular que o acompanhava desde garoto compensava qualquer sobrepeso.

> "Nessa fase áurea o Neto era o segundo jogador mais veloz do elenco do Corinthians. E os números batiam com os da Seleção de 1991, onde ele só perdia para o Cafu."
> *(Renato Lotufo, fisiologista do Corinthians em 1990)*

Taxado de comilão e indisciplinado, Neto sempre esteve em constante vigília. Tanto no trabalho, com os profissionais do clube, como em casa. Qualquer vacilo poderia decretar um aumento considerável de peso.

> "Eu conversava com a Ana, ex-esposa dele, para controlar a alimentação em casa. Um dos problemas do Neto é o de comer rápido demais. Começamos a dar frutas antes das refeições. Assim ele comia menos."
> *(Flávio Trevisan, preparador físico do Corinthians em 1990)*

Pressionado em todas as esferas, ele também era alvo de comentários maldosos nas emissoras de TV.

"Não consigo admitir um jogador gordo aos 24 anos. Se o Neto continuar assim, quando tiver 30 nem andará em campo."
(Mário Sérgio Pontes de Paiva, comentarista da TV Bandeirantes em 1991)

Com os habituais problemas para perder peso, Neto, vez ou outra, aconselhado pelo Corinthians, hospedava-se no Sete Voltas Spa, um hotel de emagrecimento localizado na cidade de Itatiba, interior de São Paulo. Eram 19 apartamentos de luxo rodeados por viveiros de araras coloridas. Paisagem realmente maravilhosa com toda infraestrutura de piscina, salas de ginástica e área para equitação. Foi lá que conheceu e fez amizade com muitas celebridades, como a apresentadora Hebe Camargo, a jogadora de basquete Hortência e o humorista Ary Toledo. A direção do Spa, por sinal, ofereceu as diárias gratuitamente.

"Só a propaganda que eu fazia para eles diariamente valia mais que as diárias do hotel. Todos os dias apareciam dezenas de repórteres na porta do hotel." *(Neto)*

A maior parceria no Spa foi selada com a rainha do basquete.

"A gente sofria um pouco, mas era legal. Só os jornalistas pentelhos que enchiam um pouco o saco. Mas quando iam embora a gente curtia."
(Hortência, ex-jogadora de basquete)

O Spa mantinha vigilância militar na programação de exercícios e dietas de seus hóspedes. Com direito ao acompanhamento de perto de dois seguranças vestidos com roupas camufladas, coturnos e armados de revólveres. Exagero, talvez? Ninguém entendia nada.

Nos oito dias de reclusão, Neto se esforçou, adotando, sobretudo, métodos caseiros de emagrecimento. A receita principal foi seguir uma dieta de apenas 600 calorias diárias. Começava por um café leve de manhã e uma caminhada de dez quilômetros. Para completar, um banho de piscina e um joguinho de vôlei em quadra de grama.

O almoço era servido pontualmente às 13h. Com peixes grelhados, couve-flor ao forno, salada de alface e melancia como sobremesa.Depois, mais seis quilômetros andando, seguido por massagens, sauna e fisioterapia.

No fim da tarde, perto das 18h, todos tinham direito a um suco de limão e mais um pedacinho de queijo. No jantar, nada além de frango grelhado e tomate recheado com ricota.

> **"Meu Deus! Sofria com aquilo, viu? Vendo o cardápio parecia uma beleza. Mas passava uma fome danada! O melhor pelo menos era que à noite a gente ia dançar lambada."** *(Neto)*

MAIS MAGRO IMPOSSÍVEL

Quando deixou o Parque São Jorge pela primeira vez, Neto perambulou por muitas equipes do futebol brasileiro. Chegou a estar, inclusive, no Millonarios da Colômbia. Nesse período ele reconheceu que seria muito difícil permanecer com o mesmo peso do auge da forma física. Em 1994 ousou fazer uma cirurgia de lipoaspiração para drenar as gorduras das costas e da cintura.

Duas temporadas mais tarde, desempregado, operou os ligamentos do tornozelo e ficou treinando no Centro de Treinamento do São Paulo. Naquela altura a balança batia a casa dos 85 quilos. Muita coisa para quem sonhava em ter nova oportunidade em um clube de ponta. Mas pintou novamente o Timão na vida do craque.

> "O Neto voltou ao Corinthians em 1996 com 27% de gordura no corpo. Algo impensável para a prática do futebol em alto nível." *(Flávio Trevisan, preparador físico do Corinthians em 1996)*

Para os leigos, as relações de medidas necessárias em um trabalho físico são extremamente complexas.

> "Atualmente nós podemos individualizar cada atleta. Não existe mais aquela relação peso e altura que tinha antigamente. Mas o que fica claro é que o atleta tem que ter no máximo 12% de gordura corporal."
> *(Renato Lotufo, fisiologista do Corinthians em 1996)*

Na verdade nada disso interessava para a Fiel. O que ela queria mesmo era ver o ídolo de volta com a camisa do Corinthians. Entretanto, o técnico Nelsinho condicionou a contratação do meia a uma preparação física adequada. Ou seja, tinha que perder peso a todo custo.

Em paralelo a todo um trabalho de dieta rígida e preparação física, uma das sugestões da comissão técnica foi fazer Neto participar e completar os 15 quilômetros da Corrida de São Silvestre.

> "Era amigo do Wanderlei, que treinava a equipe de atletas do Pão de Açúcar. Pedi a ele que me ajudasse com a preparação do Neto."
> *(Flávio Trevisan, preparador físico do Corinthians em 1996)*

Traçado um planejamento, Neto treinaria todos os dias em dois períodos. O primeiro sempre iniciando às seis horas. O combinado era que Flávio Trevisan passaria na casa do jogador para buscá-lo. O destino? Complexo Esportivo Constâncio Vaz Guimarães, no Ibirapuera. Mas, logo no primeiro dia, uma situação inusitada surpreendeu a todos. Ao chegar aos portões, o segurança não liberou a entrada da dupla por falta de uma carteirinha.

> **"Mandei o cara tomar no cu! Disse que não estava ali para brincadeira."**
> *(Neto)*

Depois de tudo esclarecido, o segurança abriu o portão. Começava ali uma dura fase de exercícios físicos com o robusto atleta. A meta era emagrecer o mais rápido possível para voltar aos gramados.

> "Em novembro e dezembro ele perdeu mais de dez quilos e voltou a ter uma porcentagem de gordura aceitável. Tínhamos fisicamente o bom e velho Neto de volta." *(Nelsinho Baptista, técnico do Corinthians em 1996)*

Terça-feira, 31 de dezembro de 1996. Mais magro do que nunca, pesando pouco mais de 71 quilos, o craque participou pela primeira e única vez da São Silvestre. Correu ao lado de Trevisan e do já amigo Wanderlei Cordeiro, que o auxiliou no processo de preparação. O jogador completou a corrida em pouco mais de uma hora e 29 minutos. Um tempo considerado acima da média para um estreante.

Felicidade pela prova completada. Alegria maior pelo objetivo alcançado de retornar ao Corinthians. Mas a parceria com o Banco Excel e o elenco recheado de estrelas acabou dando poucas oportunidades a Neto nessa segunda passagem pelo Timão. De qualquer forma, o amigo e preparador Flávio Trevisan traçou um paralelo entre as duas passagens do meia pelo clube.

> "O Neto de 1990 teve uma grande sequência de partidas. O de 1997 não pegou ritmo de jogo. Fisicamente os dois estavam iguais, mas um era melhor que o outro. Até pela idade."
> *(Flávio Trevisan, preparador físico do Corinthians em 1997)*

> **"Acho que emagreci demais em um curto espaço de tempo. Senti que perdi potência muscular. Não tinha a mesma força para bater na bola."** *(Neto)*

Em 1997, Neto viveu uma fase ruim. Seu peso voltou a oscilar. O relaxamento pela falta de oportunidades fez inclusive com que entrasse em conflito com o treinador. Isso porque na ocasião, de cabeça quente, Nelsinho chegou a afirmar em uma entrevista que daquela maneira o meia-esquerda não servia nem para jogar pelada de casados contra solteiros.

> **"Aquilo me chateou de verdade. Fiquei um tempão sem falar com o Nelsinho. Mas depois nos acertamos. Gosto muito dele."** *(Neto)*

Dispensado do Corinthians em 1998, o Xodó voltou a rodar pelo interior de São Paulo. Já não treinava com a mesma intensidade. Amarrava contratos apenas para participar de jogos e coletivos. Isso prejudicou demais a longevidade de sua carreira, que se encerrou profissionalmente aos 33 anos.

A partir daí a tendência à obesidade, a alimentação totalmente desregrada e a falta de exercícios fizeram o ex-jogador atingir quase 130 quilos. O período em que foi dirigente do Guarani, entre 2002 e 2003, foi o auge de seu estilo bonachão.

> **"Tive que me preocupar com a saúde e na ocasião coloquei um balão gástrico no estômago. Perdi bastante peso. Mas só fui acertar mesmo agora como comentarista, depois de fazer a cirurgia bariátrica vertical. Firmei com uns 85 quilos, o que pra mim é o ideal para viver bem."** *(Neto)*

Correndo a São Silvestre no último dia de 1996. A meta era voltar ao Timão bem fisicamente

DIETA DO SUSHI? QUE NADA!

Com a palavra, Joaquim Grava (médico do Corinthians)

"Vi o Neto pela primeira vez na vida quando ele veio para o Corinthians em 1989, na troca pelo Ribamar. Ele sempre teve tendência a engordar. Isso era claro pra qualquer um. Mas sua capacidade técnica fenomenal superava o problema. Em 1992, eu me recordo de que fomos participar de um torneio festivo no Japão. Viajamos de classe econômica e o Neto estava fazendo um regime rigoroso. Só bebia água e comia frutas.

Assim que chegamos a Tóquio, pegamos um trem para Nagoya, que era a cidade onde ficaríamos concentrados e seriam realizados os jogos. Assim que pisamos na estação, ele me disse que não aguentava mais tanto sofrimento. Queria comer livremente.

Não deu outra. Entrou na primeira lanchonete e pediu tudo o que queria. Ofereceram sushi e outros pratos típicos. Mas ele recusou. Queria coisa com mais sustância. Algum lanche com queijo, essas coisas.

A realidade dos fatos é que o Neto nunca conseguiu passar muito tempo fazendo dietas. Ele sempre dava uma escapadinha. E querem saber? Até certo ponto ele estava com a razão. Sempre afirmei que preferia o Neto com dois ou três quilos acima do peso, mas feliz e de alto-astral, do que com os quilos controlados sem vontade de jogar bola.

Aliás, como médico, nunca vi a necessidade de operá-lo. Ele só foi tratar da sequela de entorse no tornozelo depois que saiu do Corinthians."

O maior adversário, a balança

13

RESPONSABILIDADE DE CAPITÃO

O comportamento rebelde dentro e fora de campo nunca prejudicou as participações de Neto nas seleções brasileiras de base. Em 1983, quando tinha apenas 16 anos, foi relacionado para defender o Sub-17 do País no Torneio Internacional de Cannes, na França. Era a primeira e única vez que um filho da pacata Santo Antônio de Posse defendia o Brasil em um torneio esportivo de grande repercussão. A notícia da convocação foi passada ao menino por Dagmar Sarube, supervisor dos garotos do Guarani de Campinas, após uma tarde de treinamentos.

> **"Naquele tempo não tinha a menor ideia da responsabilidade que era defender a Seleção Brasileira. Só queria viajar para jogar bola e me divertir."** *(Neto)*

A campanha brasileira na França foi irregular. O Brasil ficou apenas com a terceira colocação. Mas restaram as recordações curiosas.

"Viajamos de ônibus de Cannes para Paris. De lá pegaríamos o voo de volta ao Brasil. Fizemos uma parada no Arco do Triunfo e na Torre Eiffel. Cansado, nem desci do ônibus. Pra mim aquilo não significava nada." *(Neto)*

Participar de um grupo da Seleção, mesmo que na base, valorizou o passe do garoto bugrino. Ele já era tratado de forma diferenciada pelos dirigentes. Ainda assim, nunca se importou com o assédio e com tamanha repercussão em cima de seu nome.

Os gols continuavam surgindo com naturalidade no clube e o meia passou a ser lembrado com frequência pela Seleção. Ainda em 1983, em agosto, foram disputados os Jogos Pan-Americanos de Caracas, na Venezuela. Neto certamente estava entre os relacionados pelo técnico Gilson Nunes. No grupo ainda havia outros jogadores que se destacariam, como o volante Dunga e o lateral Jorginho. Foi relacionado com a camisa 13, mas durante os treinamentos ganhou a posição de titular.

A expectativa da estreia era grande. Ainda mais porque os adversários eram os argentinos. A imprensa ficou em cima da molecada do futebol, pois os *hermanos* queriam fazer desse duelo uma revanche da eliminação da Copa de 1982. Mas que nada! Com um show de Neto, o centroavante Marcus Vinícius e o lateral Heitor, o Brasil venceu por dois a zero. Naquela altura, os três comandavam as principais jogadas ofensivas da equipe. Todas as bolas passavam por eles.

Quatro dias depois de bater os argentinos, chegava a vez de encarar o México. O adversário vinha se destacando pela marcação violenta. Só que novamente os brasileiros trataram apenas de jogar futebol. E, com Neto dando assistência, Heitor fez o gol que garantiu a segunda vitória consecutiva na competição e uma vaga na decisão de tiro curto.

Frente aos uruguaios o jogo foi muito duro, com poucas oportunidades de gol. Neto, e seu estilo de jogo ousado, incomodava os rivais, que desciam a botina. Liderados pelo zagueiro De Los Santos, a seleção celeste trancou a defesa e conseguiu abrir o placar aos 42 minutos finais com outro defensor, Miguel Peirano. A medalha de ouro ficou com o Uruguai. O Brasil levou a prata.

> **"Naquele jogo o Gilson Nunes foi retranqueiro. Ele quis segurar o empate. Me tirou para colocar o Adalberto, que era zagueiro. Chamou o gol dos caras. Deu no que deu."** *(Neto)*

A revelação de Campinas começava a montar um currículo de impressionar para um jovem de apenas 16 anos. Foi aí que também assinou seu primeiro contrato como jogador profissional do Guarani. Dali para os Jogos Olímpicos de Los Angeles, nos Estados Unidos, seria questão de tempo. Para alcançar a vaga, desembestou a fazer gols.

> "Sem dúvida o Neto era uma grande revelação. Mas, em cima da hora, resolvi convocar a base do Inter de 1984, que já tinha entrosamento e era uma das principais equipes do País."
> *(Jair Picerni, técnico da Seleção Brasileira nas Olimpíadas de 1984)*

O sonho olímpico foi adiado. Na temporada seguinte acabou chamado para a disputa do Sul-Americano de Juniores. Por sinal, foi a única vez que Neto disputou uma partida pela categoria. Até em seu clube subiu dos juvenis direto para os profissionais.

O técnico Jair Pereira juntou o que existia de melhor no futebol brasileiro. E, como Neto já atuava havia dois anos como profissional do Guarani, na teoria acumulava mais experiência do que a maioria dos jogadores. Ele ganhou a tradicional 10 em uma seleção-base com: Taffarel, Jorge Antônio, Luis Carlos, Henrique e Dida; Luciano, Silas e Neto; Romário, Gérson e Antônio Carlos. Com uma campanha irretocável de cinco vitórias em cinco partidas, o Brasil foi campeão e levou a medalha de ouro. O meia se sentia muito à vontade com aquele grupo. Costumava comandar as brincadeiras no Hotel Armele, no centro de Assunção, no Paraguai.

> "O Neto sempre foi um barato. Tirava sarro de todo o mundo e sabia aceitar as brincadeiras. Ficamos amigos de todos os funcionários do hotel." *(Taffarel, goleiro da Seleção de Juniores em 1985)*

Faltava menos de um ano para a disputa da Copa do Mundo do México, em 1986. Neto apresentava uma condição técnica simplesmente impecável. Mas Telê Santana optou por jogadores mais experientes, como Sócrates, Zico e Junior. Praticamente a base de 1982.

> **"Acho que tinha sim condições de jogar a Copa. Gostaria de ter ido. Mas aquilo não me tirou o sono não."** *(Neto)*

No período de preparação para aquele Mundial, o nome de Neto era constantemente especulado. Alguns na ocasião viram o esquecimento de Telê como injustiça.

> "O Neto era diferente dos outros. Seu estilo lembrava os craques dos anos 1970. Mas costumava arrumar muita confusão. Discutia com treinadores. Talvez isso tenha atrapalhado."
> *(Brasil de Oliveira, jornalista esportivo)*

Passada a régua, o Brasil acabou eliminado nas quartas de final pela França, na disputa de pênaltis. Neto seguiu seu caminho, que, normalmente, se cruzava com o da Seleção Brasileira.

Em setembro de 1988, o técnico Carlos Alberto Silva começou a preparar a equipe que tentaria buscar a inédita medalha de ouro olímpica. E lá estava o craque bugrino entre os relacionados. Ao lado, inclusive, de companheiros de Sul-Americano, como o goleiro Taffarel e o atacante Romário. O primeiro amistoso preparatório não serviu nem para teste. Goleada espetacular sobre a fraca seleção alagoana por seis a um. Com direito a quatro gols do baixinho Romário. Neto se deu ao luxo de desperdiçar uma cobrança de pênalti.

Faltavam menos de 20 dias para o início dos Jogos de Seul, na Coreia do Sul. Mais três amistosos marcados contra equipes mexicanas. Três vitórias com autoridade. Duas frente ao forte time do América do México e outra contra o Chivas Guadalajara. Este último foi realizado em 9 de setembro, exatamente no dia em que Neto completou 22 anos.

MEDALHA DE PRATA COM GOSTINHO AMARGO

A viagem para a Coreia estava marcada. Todos no Brasil esperavam uma inédita medalha de ouro. O time era formado por grandes jogadores, quase todos titulares em suas equipes.

> "Aquela equipe de Seul era perfeita! Foi a ocasião em que mais acreditei em uma medalha de ouro. E eles estavam bem."
> *(Luiz Ceará, jornalista esportivo)*

Domingo, 18 de setembro de 1988. Novamente muita tensão no início da campanha brasileira nas Olimpíadas. Com a pretensão de escalar um time mais ofensivo, o técnico Carlos Alberto Silva lançou a campo três atacantes contra a Nigéria. Assim, Neto ficou como opção na reserva. E a tática inicial funcionou. Com dois gols de Romário, um de Bebeto e outro de Edmar, o Brasil goleou os africanos. O meia entrou no segundo tempo substituindo Edmar, mas pouco pôde fazer a não ser puxar alguns contra-ataques e garantir o resultado.

Treinando duro para liderar dentro de campo a Seleção Brasileira de Paulo Roberto Falcão

Dias depois os brasileiros venceram novamente. Dessa vez encaixaram três a zero nos australianos. Outro show de Romário, que fez todos os gols da partida. Fechando a primeira fase, novo bom desempenho contra a Iugoslávia: dois a um. Nada de Neto em campo.

"Era muito difícil entrar nos jogos. O time estava voando." *(Neto)*

Primeira fase em primeiro lugar e o espírito olímpico começava a tocar o coração dos jogadores.

"Sabíamos que tudo por ali tinha um enorme significado. Presenciei isso na segunda fase, quando ficamos alojados no Centro Olímpico. A gente almoçava no mesmo lugar de estrelas de outros esportes. Você andava um pouco e de repente trombava o Ben Johnson e o Carl Lewis. Aquilo era sensacional!" *(Neto)*

O Brasil enfrentaria os eternos rivais argentinos na sequência da competição. Como de costume, a catimba dominou o início do confronto. Mas a dupla Bebeto e Romário não amoleceu. Bombardearam o gol do rival. Contudo, o único gol da partida saiu dos pés do meia Geovani.

Depois de cinco dias no Centro Olímpico, tudo impressionava aqueles garotos. A arquitetura do local, dos ginásios, o tráfego de atletas conhecidos e o assédio da imprensa. Só não contavam com um inesperado contratempo.

"Eu dividi o quarto com o Geovani e o Zé Carlos. Um dia chegamos do treino e tinham roubado todo o nosso dinheiro. Não fazíamos ideia de quem pudesse ser. Mas o Carlos Alberto Silva fez uma vaquinha com os outros jogadores e devolveu parte da nossa grana." *(Neto)*

"De certa forma, e sem querer, aquela atitude uniu os meninos."
(Carlos Alberto Silva, técnico da Seleção nas Olimpíadas de 1988)

Chegava a hora da semifinal contra a Alemanha Ocidental, que tinha um dos melhores elencos da competição. Assim como o Brasil, eles também vinham invictos. O jogo terminou com o empate de um a um no tempo normal. Do banco, Neto viu o volante alemão Fach abrir o placar. Romário empatou. Na prorrogação, muita tensão e nada de gols. Nas penalidades alternadas, Taffarel salvou o Brasil com duas defesas milagrosas. A vaga para a decisão estava garantida.

"Viramos heróis do dia pra noite. O assédio da imprensa aumentou demais. Tínhamos a chance de fazer história."
(Taffarel, goleiro da Seleção nas Olimpíadas de 1988)

A final seria contra a União Soviética no estádio Olímpico de Seul. A imprensa internacional buscava todos os detalhes sobre as duas seleções. E, analisando taticamente o adversário, Carlos Alberto Silva resolveu inovar. Colocou Neto no lugar de Edmar no time titular.

Foi justamente o meia-esquerda do time que cobrou o escanteio para o gol brasileiro de Romário. No segundo tempo, substituição invertida. Sai Neto, entra Edmar. Por ironia do destino, o atacante acabou expulso. Minutos depois os soviéticos chegaram à igualdade com o gol de Dobrovolski.

O duelo foi para a prorrogação e o lance de Savitchev definiu o título para a União Soviética. Chegava ao fim o sonho do ouro. Neto e seus companheiros teriam que se contentar com a honrosa medalha de prata do vice-campeonato.

"Vou ser sincero: não tinha noção do significado daquilo. Subi no pódio para receber a medalha de chinelos. É mole? Não dei a mínima importância." *(Neto)*

1 Grupo que representou o Brasil nas Olimpíadas de Seul, na Coréia do Sul

2 Neto posa ao lado da equipe alemã de ciclismo, medalhista de ouro em 1988

3 Com o ídolo chileno Figueroa durante a Copa América de 1991

Passados alguns anos, a maturidade lhe trouxe boas recordações da façanha na Coreia do Sul.

> **"Só pensava no momento. Coisa de jovem sem noção. Mas hoje olho minha medalha na parede com muito orgulho. Não participei muito daquela campanha, mas joguei o mais importante, a estreia e a final."** *(Neto)*

A maior conquista brasileira naquela competição foi do judoca Aurélio Miguel, que ficou com o ouro da categoria meio-pesado. No dia da vitória contra o alemão Marc Meilling, Neto esperou o lutador chegar ao Centro Olímpico para comemorar.

> **"Fui eu, ele e a Márcia Fu – jogadora de vôlei – para uma balada. Rachamos o táxi do caminho. Conversamos e bebemos a noite inteira. Fizemos uma amizade bem legal."** *(Neto)*

Já a Seleção de futebol não primava pelos laços de amizade. Havia rachas e conflitos internos, que ficaram mais evidentes com a derrota na final.

> **"Existia respeito. Mas muita gente não se dava ali. [Havia] Até reflexo da rivalidade nos clubes. Dos jogadores do nosso time, com quem eu mais me dei bem foram os goleiros Taffarel e Zé Carlos."** *(Neto)*

A COPA DA INJUSTIÇA

Com a medalha de prata no bolso, a ambição seguinte de Neto, que vivia uma excelente fase no Guarani, era a disputa da Copa do Mundo da Itália, em 1990. E, passadas duas temporadas, o auge no Corinthians praticamente o credenciava a uma convocação. Ninguém imaginou que pudesse acontecer o contrário.

> "Na Copa de 1986 tudo bem. Mas em 1990 não tinha justificativa. O Neto estava muito à frente dos outros da posição. Na verdade, naquela Copa deveria ser o Neto e mais dez."
> *(Chico Lang, jornalista esportivo)*

Apesar da autoconfiança pelas boas atuações e belos gols, Neto se preocupava por não fazer parte de nenhum dos amistosos preparatórios para o Mundial. Quando a CBF e Sebastião Lazaroni divulgaram a lista de convocados, veio a certeza de que o Xodó estava fora.

> **"Fiquei muito puto! Irado! Indignado! Fui considerado o melhor jogador do país por toda a mídia esportiva. Mas o bairrismo tomou conta. O carioca Lazaroni convocou uma base de jogadores carioca. Foi frustrante!"** *(Neto)*

Em uma das piores apresentações em Copas, o Brasil acabou eliminado precocemente pela Argentina nas oitavas de final. O elenco era bom, mas o excesso de preciosismo e a falta de profissionalismo prejudicaram a campanha brasileira.

> "O Neto só criava caso. Ele era, sim, um grande jogador. Mas, na posição dele, tinha outros de minha preferência."
> *(Sebastião Lazaroni, técnico da Seleção na Copa de 1990)*

Neto revela uma história curiosa e polêmica que mais tarde daria margem para a discussão sobre uma suposta falta de profissionalismo do treinador da Seleção.

1 Assédio dos fãs no desembarque da Seleção Brasileira em São Paulo

2 Lendo jornal com o goleiro Zetti na concentração da Seleção

"O Lazaroni convocou o Tita e o Bismarck para a Copa. Aí, depois de um tempo, os três foram vistos passeando juntos na Disney. É brincadeira?" *(Neto)*

Menos de três meses após a derrota de Lazaroni, e seu consequente esquecimento, Neto assumia a posição de capitão na Seleção do novo técnico Paulo Roberto Falcão. Ele era o ícone de uma renovação.

"Devo muito ao Falcão. O que ele fez por mim não tem preço. Ele era sábio na conversa e extremamente inteligente ao lidar com a gente." *(Neto)*

Um amistoso contra a Espanha, na cidade de Gijón, marcou o início da curta trajetória de Neto como camisa 10 e capitão da Seleção Brasileira. O resultado melancólico expôs negativamente o trabalho do novo comandante.

"A mídia colocou a culpa da derrota no Velloso. Ridículo! Ele sempre foi bom goleiro. O problema é que o time que o Falcão levou era muito fraco e desentrosado." *(Neto)*

Quarta-feira, 31 de outubro de 1990. Em homenagem aos 50 anos de Pelé, completados uma semana antes, a Fifa organizou uma partida amistosa do Brasil contra um combinado de jogadores de todo o mundo. Os melhores em atividade. O palco do espetáculo foi o estádio Giuseppe Meazza, em Milão, na Itália. O meia do Corinthians receberia uma honraria concedida a poucos atletas do futebol mundial. Ele substituiria o Rei do Futebol.

Neto assistiu boa parte do jogo do banco de reservas. Muita ansiedade para substituir o atleta do século. Àquela altura a Seleção perdia por dois a zero, gol do espanhol Michel e do romeno Gheorghe Hagi. A partir daí, o técnico Falcão providenciou a alteração combinada. Tirou de campo o maior jogador de todos os tempos e colocou a grande esperança brasileira do momento.

Pelé passou a braçadeira de capitão para Neto. O público se levantou para reverenciar o mito e simultaneamente voltou os olhos curiosos para o camisa 16. Poucos conheciam a potência e a precisão das bolas paradas do Xodó. Menos de cinco minutos depois de entrar, falta próxima à área adversária. Neto foi para a cobrança e fez o gol no goleiro camaronês N'Kono. O placar final apontou derrota por dois a um para a seleção do resto do mundo. Mesmo assim, a partida deixou saudade.

"Foi incrível substituir o Pelé. Ele até me deu as chuteiras dele. Sempre que ele fizer aniversário, vou me lembrar desse jogo com carinho. E tem mais: guardei na minha casa a bola da partida. É um grande troféu que tenho na vida." *(Neto)*

A responsabilidade de comandar o grupo de Falcão era de seu camisa 10. E o meia corinthiano não decepcionava. Quando não fazia gols, dava assistências aos companheiros. Na sequência de amistosos preparatórios para a Copa América, gol contra o Paraguai, dois contra a Bulgária e contra a vice-campeã mundial Argentina. Nesse jogo, em Curitiba, os *hermanos* saíram na frente com o gol de Cláudio Caniggia, carrasco brasileiro da Copa de 1990. Apesar dos 40ºC de febre, Neto entrou em campo e empatou de pênalti. Sem chances para Goycoechea, famoso por defender esse tipo de cobrança.

"Ele catimbava demais. Sabia que não pulava antes. Portanto no meio não ia dar. Tive de bater forte e colocado no canto." *(Neto)*

Todos só falavam e valorizavam a capacidade do novo camisa 10 da Seleção. O fracasso da Copa de 1990 fizera de Neto uma espécie de salvador da pátria. Ele era a esperança de todos para fazer o Brasil voltar ao topo do ranking da Fifa.

Assim, o time de Falcão embarcou para Viña Del Mar, onde disputaria a primeira fase da Copa América do Chile. O sonho do corinthiano era arrebentar e se tornar artilheiro. Mantendo o trabalho de renovação, o grupo convocado para a competição não tinha alguns dos principais jogadores do País, que acabaram fracassando no Mundial da Itália. Ainda assim, Neto gostou, porque estaria ao lado de grandes amigos, como os também corinthianos Ronaldo e Márcio, além de Renato Gaúcho.

Terça-feira, 9 de julho de 1991. Estreia considerada tranquila pela mídia. Mas o jogo contra a Bolívia se transformou em dureza. Gols só de bola parada. No início, Mazinho sofreu pênalti, que Neto converteu. No segundo tempo, o lateral Branco ampliou com uma bomba de falta. Mas Edwin Sanchez, também de pênalti, fez o gol boliviano. Resultado apertado, mas importante.

Apenas dois dias depois, com pouco tempo para se recuperar fisicamente, o Brasil voltava a campo para encarar o Uruguai. E o empate magro em um a um expôs as claras deficiências daquele grupo: falta de entrosamento e inexperiência internacional de boa parte dos jogadores. A camisa verde-amarela da Seleção parecia pesar para muitos que estavam ali.

A terceira partida foi contra a Colômbia. E foi o fim da banca da Seleção Brasileira, considerada favorita no torneio. Liderados por Valderrama e Rincón, os colombianos fizeram dois a zero com autoridade. Neto mais uma vez não jogou bem e foi substituído pelo meia Luís Henrique, jogador do Bahia. Aquela partida marcaria o início de uma geração de ouro do futebol da Colômbia.

O Brasil sofria intensa pressão da opinião pública. Já tinha gente pedindo a cabeça de Falcão. Mas a vitória convincente frente ao Equador por três a um trouxe novamente a paz de espírito. A Seleção concluiu a primeira fase em segundo lugar na chave. Logo atrás dos colombianos, por saldo de gols.

O quadrangular final foi disputado na capital Santiago. No primeiro jogo, contra os argentinos, o Brasil não resistiu à qualidade técnica e à força ofensiva do adversário. Perdeu por três a dois. Procurando um bode expiatório, Falcão elegeu Neto o culpado pela má fase. O resultado disso foi amargar um banco de reservas.

"Ao contrário de muitos pés de rato por aí, fiquei como capitão no banco de reservas sem reclamar. Sabia que não vivia um grande momento." *(Neto)*

Sonhando com um tropeço dos *hermanos*, o Brasil foi com sede para os dois últimos jogos do campeonato. E alcançou boas vitórias nos dois: contra Colômbia e Chile. Mas de nada adiantou, já que os vizinhos ficaram com o título após três vitórias em três partidas.

"Sabia que era minha chance de brilhar na Seleção. Mas não fui bem. Prato cheio para a imprensa carioca pegar no meu pé." *(Neto)*

Neto não imaginava como seria sua participação na Seleção Brasileira a partir dali, porque ainda existiam reflexos do bairrismo da Copa de 1990. Tudo piorou ainda mais com a atitude da CBF de substituir o gaúcho Paulo Roberto Falcão pelo experiente e carioca Carlos Alberto Parreira.

Já com uma base idealizada, Parreira deixou Neto de fora de sua primeira convocação. E das subsequentes também. Dizem que a ausência da estrela corinthiana era influência do preparador físico Moraci Sant'anna, que nunca escondera a insatisfação pelas formas arredondadas do jogador.

"Prefiro um time com 11 cabeças de bagre que correm a um com 11 Netos nessa condição física."
(Moraci Sant'anna, preparador físico da Seleção em 1991)

As palavras do preparador físico chatearam Neto, que depois disso nunca mais chegou a ter uma boa relação com a comissão técnica da Seleção.

> **"Onde o Moraci jogou bola pra falar de mim? Fez gol em quem? Sinceramente, foi uma pena que ele tenha enchido a cabeça do Parreira com bobagens. Eu poderia ter tido uma sequência maior na Seleção."** *(Neto)*

O meia corinthiano ficou praticamente dois anos sem ter sequer uma oportunidade com Parreira na Seleção. Mas no dia 17 de março de 1993, após um forte apelo da mídia paulista, Neto retornou à Seleção Brasileira para um amistoso contra a Polônia. O jogo foi realizado em Ribeirão Preto. Com uma incomum camisa 8, Neto deu assistência para os dois gols brasileiros do empate por dois a dois.

> **"Joguei muita bola naquele amistoso. Não entendi por que o Parreira nunca mais me chamou. A verdade é que ele queria seguir a base dele. E dizer o que, né? Deu certo, pô!"** *(Neto)*

Aquele foi o último suspiro do Xodó corinthiano com a camisa amarela da Seleção Brasileira. Segundo ele, apesar dos contratempos, o saldo foi positivo.

> **"Fui prata no Pan e nas Olimpíadas, ouro no Sul-Americano Sub-20, vice-campeão da Copa América e fiz gol no último jogo do Pelé na carreira. Só faltou mesmo disputar uma Copa do Mundo."** *(Neto)*

O meio-campista ainda alimentou esperanças de ser chamado para a Copa do Mundo dos Estados Unidos, em 1994.

1

2

1 Treinamento para o amistoso contra a Polônia. O último jogo pela Seleção. O único sob o comando de Carlos Alberto Parreira

2 Com a bola no pé na Granja Comary, em Teresópolis, no Rio

"Vou ser sincero: acho que tinha mais condições técnicas de jogar que qualquer um da minha posição. Mas na Seleção realmente não fui bem. Não tenho do que reclamar." *(Neto)*

José Ferreira Neto, ou simplesmente Neto, esteve presente em todas as categorias da Seleção Brasileira. No total ele atuou em 41 jogos, em que marcou 11 gols. No time principal foi protagonista por praticamente duas temporadas, nas quais participou de 26 jogos e acertou sete gols.

UM JOGADOR DE GRUPO NA SELEÇÃO

Com a palavra, Paulo Roberto Falcão (ex-técnico da Seleção Brasileira)

"Quando cheguei à Seleção não tinha dúvidas em integrar o Neto ao grupo que eu estava formando, até porque era o principal nome do Corinthians e apontado por todos como o melhor jogador do País. No primeiro contato que tive com ele, na apresentação da primeira convocação, logo vi que era um cara de personalidade, respeitado pelos companheiros. Ficou fácil colocá-lo como capitão.

Uma história que me marcou muito foi na Copa América de 1991, no Chile. Na noite que antecedia uma partida decisiva contra o Equador, no fim da primeira fase da competição, chamei o Neto e o Renato (Gaúcho) no meu quarto. Disse que, apesar de precisar muito deles, naquele jogo iria colocá-los no banco. Fiz questão de que entendessem que aquilo era momentâneo. Por não viverem um bom momento técnico. O Neto aceitou sem problemas.

Durante a partida, mesmo no banco, ele não correu com os demais para vibrar com o gol da classificação para a fase final. Preferiu me abraçar e dizer: "Professor, o senhor merece!". Aquilo me chamou a atenção. Eu percebi o quanto o Neto era um cara de grupo. E, ao contrário do que diziam, no meu comando ele sempre respeitou a hierarquia.

Não ficamos com o título e depois deixei o cargo. Só não entendi sinceramente porque ele não teve uma sequência melhor na Seleção, já que comigo sempre manteve um bom rendimento."

14

A VIDA PÓS-FUTEBOL

As faltas bem cobradas, os gols na raça, a camisa que suou como a pele já não faziam mais parte da vida de Neto. Em 1999, quando encerrou a carreira, ele não sentiu falta dos jogos ou das concentrações. A vida tratou de realizar o sonho que Neto sempre teve e, no dia 13 de dezembro de 2000, nasceu Luísa, sua primeira filha com a esposa Fernanda.

> **"Aquele dia foi especial. Sempre sonhei com a sensação de ser pai. De repente, poder ter um pouco de mim em outra pessoa. E a Luísa é uma menina especial. Sempre me emociono ao falar dela porque mudou minha vida. Desde então parei de beber."** *(Neto)*

Neto foi aos poucos se acostumando com a vida longe da bola. A jogada agora era ser pai, marido em tempo integral e transportar valores agregados da época de criança. Tudo caminhava para que Neto voltasse a ser José. Mas a polêmica e a irreverência estavam no sangue. A bola que o deixou famoso bateu à porta. Na verdade, chamou ao telefone. A produção do programa *Cartão Verde*, da TV Cultura, ligou convidando-o para uma participação especial. Fora da mídia, resolveu rever os amigos e apresentadores José Trajano, Juca Kfouri e Flávio Prado para explicar os motivos da aposentadoria precoce.

> **"Parecia que estava escrito. No dia seguinte tocou meu telefone. Era o Artur de Almeida, na ocasião chefe de reportagem na TV Bandeirantes. Ele e Toninho Neves – chefe de redação – me convidaram para uma participação como comentarista."** *(Neto)*

As entradas eventuais na TV e Rádio Bandeirantes começaram a dar experiência no que viria a ser uma nova carreira profissional. O salário era baixo, mas Neto teve a oportunidade de cobrir in loco eventos importantes, como o primeiro Mundial de Clubes da Fifa, vencido pelo Corinthians. Os comentários carregados de polêmica lembravam as atitudes da época de jogador. Já começava a ficar impossível ser indiferente às suas opiniões. As escalas de transmissões, que antes se resumiam a jogos entre equipes consideradas pequenas, foram substituídas pelos jogos narrados por Luciano do Valle. Na Rádio Bandeirantes, Neto foi aos poucos dividindo espaço com José Silvério.

De repente, pintou a oportunidade de voltar a trabalhar no meio do esporte. Em meados de 2000, foi convidado para ser diretor de futebol do Rio Claro F.C., equipe que disputava a quinta divisão paulista. Não pensou duas vezes. Mas a experiência durou pouco mais de seis meses. Sem uma boa estrutura, Neto resolveu deixar a função. Não demorou muito e dessa vez o Guarani chamou-o para gerenciar o futebol profissional. Ele comandaria o clube no qual começou a carreira nos anos 1980. Um desafio e tanto. Aos 35 anos era um dos dirigentes de futebol mais jovens do Brasil.

Ao contrário do que queriam os jornalistas, Neto não teve uma apresentação oficial no Brinco de Ouro. Chegou no meio da disputa do Campeonato Brasileiro. Trouxe consigo certa expectativa por parte dos jogadores.

> "Sabia que ele tinha fama de polêmico e baladeiro quando jogava. Mas com o tempo vimos um Neto totalmente diferente. Totalmente profissional. Realmente comprometido com todas as coisas que aconteciam no clube." *(Edu Dracena, zagueiro do Guarani em 2001)*

Com o tempo tudo foi se encaixando. O trabalho como gerente tinha a aprovação de boa parte das pessoas. Economizar para não faltar no final do mês era o ideal daquela administração. Neto reformou os alojamentos do Brinco e fez com que os atletas voltassem a ficar concentrados no estádio depois de quase uma década. Além disso, evitou gastos excessivos com viagens de conselheiros com a delegação. Aquilo começava a incomodar parte da cúpula bugrina. No entanto, a exposição de mídia que o Guarani vinha tendo com ele no comando compensava tudo.

Aos poucos, Neto dominou as ações no clube e se transformou na principal autoridade do Guarani. O presidente José Luiz Lourencetti, idealizador e responsável pela contratação dele, já se sentia ameaçado. Aconselhado por assessores e principalmente pelo vice Antônio Secacci, deixou tudo ferver em banho-maria. Afinal, com Neto no cargo, haveria mais exposição e consequentemente mais oportunidades de arrecadação.

Assim veio 2002 e o primeiro rebaixamento da história do Guarani. Disputava-se o Torneio Rio-São Paulo. Mesmo com a terceira defesa menos vazada e classificado em 12º lugar entre 16 equipes, não teve jeito. O regulamento da competição previa que cairiam os piores times de cada Estado. Atrás do Bugre ficaram apenas os cariocas Flamengo, Americano, Bangu e América.

> "Sacanearam a gente. A Ponte atrasou mais de meia hora dentro do vestiário só pra saber antecipadamente nosso resultado naquela última rodada. Eles empatavam e estavam caindo. Fizeram o gol no Palmeiras assim que acabou nossa partida. Foi muito estranho!"
> *(Altair Ramos, preparador físico do Guarani em 2002)*

Apesar do resultado ruim, que posteriormente teria reviravolta (voltaram os Estaduais e o Guarani não cumpriu o rebaixamento), Zé Mário seguiu prestigiado no cargo de técnico. Mas a má campanha posteriormente no Brasileirão decretou o fim da passagem de Neto pelo Brinco de Ouro.

Na temporada seguinte, uma reformulação geral no elenco. Desde o treinador, Giba, até boa parte dos atletas. Chegaram jogadores considerados caros, como Esquerdinha, Marquinhos, Rodrigão e o goleiro Jean. Apesar do contrato em vigência com um grande patrocinador, os salários dos funcionários começaram a atrasar. Ficou claro que alguma coisa estava errada na administração financeira do clube.

> **"Sabia que sem receber seria quase impossível alcançarmos alguma coisa em campo. Fui conversar e saber o que estava acontecendo. Ninguém tinha uma posição oficial."** *(Neto)*

Não havia sintonia entre a diretoria e todos que frequentavam o vestiário. Ainda assim, o Guarani alcançou as semifinais do Paulistão de 2003 graças a um jogo decisivo e emocionante contra a arquirrival Ponte Preta. Na ida de ônibus ao Moisés Lucarelli, muitas pedradas e vidros estilhaçados. Talvez aquela pressão tenha ajudado a vitória por três a um. No retorno ao estádio bugrino, mais de dez mil pessoas se espremiam para saudar os jogadores. O fanatismo era tamanho que tinha gente entrando pelas janelas quebradas. Tudo por um autógrafo, uma camisa ou até um meião usado pelos ídolos. Era o desabafo e uma espécie de revanche contra a história mal contada do Rio-São Paulo.

Aquele período ficaria registrado também por uma história curiosa de superação e coragem do gerente bugrino. A região de Campinas foi tomada por uma chuva torrencial. Muitos raios e trovões. Para prevenir lesões e até algum acidente, o treinamento dos atletas passou a ser realizado dentro dos vestiários. A água tomou conta dos arredores do estádio, com força suficiente para arrastar os veículos que estavam no local. Entre eles, uma perua escolar.

> **"Quando vi aquela perua ser levada pelas águas, eu me lembrei da minha filha na hora. Achei que houvesse crianças por ali. Chamei o segurança do clube para me ajudar e entrei naquela água sem medo."**
> *(Neto)*

Naquele instante o craque dos gramados se transformaria em herói fora deles. Pelo menos para as duas mulheres que estavam dentro do veículo. Tudo foi registrado pelo único jornalista que conseguiu chegar ao local.

> "Não havia crianças na perua. Eram apenas duas mulheres. Mas a atitude do Neto foi incrível. Lembro que as imagens percorreram todo o Brasil. Foi um verdadeiro herói."
> *(Paulo Gonçalves, repórter da EPTV de Campinas)*

Na semana seguinte ao ato de heroísmo, o empate sem gols contra a Portuguesa Santista eliminou o Bugre do Estadual. Pela Copa do Brasil do mesmo ano, a derrota pelo placar magro para o Vila Nova derrubou Giba do comando. Ali começaria outro caso polêmico do ponto de vista jurídico.

"Como o jogo de volta estava em cima, pediram para que eu assumisse como técnico. Fiz isso. E vencemos o Vila no finalzinho, com o gol do Creedence. Um baita jogo! Uma pena que depois os malas da CBF quebraram nossas pernas." *(Neto)*

O que aconteceu na verdade foi um erro administrativo do Guarani. Mesmo tendo inscrito o volante Leandro Guerreiro na CBF, o nome dele não tinha sido liberado no chamado BID, Boletim Informativo Diário da entidade. O que significa dizer que o atleta estava irregular em campo. No final das contas, o Vila Nova herdou a vaga nas oitavas de final do torneio. A imprensa da época questionou a decisão.

"Lembro perfeitamente que o Guarani tinha um documento oficial da CBF liberando o jogador. Eles assumiram o erro. Pra mim a decisão foi puramente política." *(Felipe Diniz, repórter da Rádio Bandeirantes em 2003)*

Aquela eliminação chateou o elenco. Passaram por lá ainda dois treinadores, Pepe e Barbieri. Mas nenhum deles conseguiu dar a consistência tática de que a equipe precisava para alcançar melhores posições. Um dos motivos talvez tenha sido os constantes atrasos nos salários. Tanto é que, liderada pelo lateral Ruy, parte dos jogadores bugrinos ameaçou greve. Na ocasião, Neto chegou a ser acusado de iniciar o motim.

"Aquilo era ridículo! Nunca falei nada para os caras. Eles simplesmente não estavam recebendo e ficaram putos com isso. Disse apenas que entendia a atitude." *(Neto)*

Ao mesmo tempo em que gostava do trabalho em Campinas, aquele descaso foi minando a paciência de Neto. Resolveu então surpreender e pediu demissão ao vivo durante o programa de Luiz Ceará na TV Século XXI.

"Ele sempre foi meio louco! Estava com o presidente da Medial – patrocinadora do Guarani – nos estúdios da TV e entrou ao vivo por telefone para pedir o boné." *(Luiz Ceará, jornalista)*

Coincidência ou não, os constantes convites para participar de programas de rádio e televisão aguçavam nele um desejo de voltar para o jornalismo esportivo. Até que surgiu o convite oficial para ser comentarista do Campeonato Inglês e da Liga dos Campeões na Rede TV!.

"Gostava da autenticidade do Neto. Sabia que ele daria certo nessa área." *(Terence Paiva, coordenador de esportes da Rede TV! em 2004)*

"Eu nem conhecia o Terence direito, depois ele se tornou meu amigo." *(Neto)*

A temporada comentando torneios pela Rede TV! chegou ao fim, quando uma nova amizade começou. Neto mal sabia, mas era admirado por um dos grandes comunicadores da TV brasileira. Com um jeito polêmico de noticiar fatos do dia a dia, José Luiz Datena, que no passado já fora comentarista esportivo, pediu para ter Neto de volta à Rede Bandeirantes.

Sua segunda passagem pela Band foi muito curta. O pinga-pinga em várias emissoras não incomodava Neto, mas a forma como deixou o lugar que o revelara para o jornalismo esportivo, sim. Ele se sentiu desprestigiado.

"Apresentei a proposta com o triplo do salário e pedi um contrato maior na Band, com garantia de dois anos. Até por causa da minha família. Aí o Fernandinho Vieira de Mello me disse que não tinha verba para me manter, que eu podia ir embora. Fui praticamente obrigado a ir para a Record." *(Neto)*

Assim Neto foi para a TV Record. E teve a estrela de participar do segundo Mundial de Clubes da FIFA. Se em 2000 comentou o Corinthians campeão, em 2005 foi a vez de ver o São Paulo faturar o título.

"Fui pra TV Record. Com contrato e tudo. Foi muito legal, transmitimos o Mundial do São Paulo em 2005, o Éder Luiz narrou e fizemos ao vivo." *(Neto)*

Os comentários na Record começavam a chamar atenção. As transmissões de jogos e as eventuais participações no programa *Terceiro Tempo*, apresentado por Milton Neves, ajudaram-no a ganhar mais popularidade. Em paralelo, a vida pessoal ganhava mais uma responsabilidade: nascia Gustavo, seu segundo filho. Ali ele se realizava por completo. Já estava qualificado como uma das principais opiniões do jornalismo esportivo.

"Fiquei um ano e meio na Record. E lá tenho que agradecer muito ao diretor de esportes Eduardo Zebini. Ele me ajudou muito." *(Neto)*

Os comentários de Neto na Record chegaram ao fim quando o contrato da emissora para transmitir o Brasileirão terminou. Porém, Neto já havia se fixado na emissora, sentia-se à vontade. Aquele descaso em relação a ele, que sentiu no começo dos tempos de Bandeirantes, não existia. E a possibilidade de ter de deixar o local em que trabalhava o atormentava.

Neto resolveu então tirar uns dias de descanso. Pegou a esposa e os filhos e se mandou para a praia de Maresias, litoral norte paulista. Desligou o telefone. Não queria contato com ninguém, apenas curtir a família. Desceu a serra, entrou em casa e ligou a TV. A notícia era a de que o futebol havia voltado para a Band. O telefone continuou desligado e, na cabeça dele, a dúvida era saber onde iria trabalhar. Mal sabia que, enquanto descansava, seu futuro era decidido por um grande amigo.

"Depois de uns dias, liguei o celular e vi que o Datena tinha me ligado. Pô, ele foi demais comigo! É por isso que eu amo esse cara." *(Neto)*

"Adoro o Neto. Talvez minha identificação com ele tenha surgido das minhas origens. Nasci em Ribeirão Preto, no mesmo lugar onde o pai dele foi criado." *(José Luiz Datena, apresentador de TV)*

A conversa entre os dois foi simples e direta. Pelo telefone, Datena perguntou se o comentarista queria retornar a boa e velha Band. Neto achou que a diretoria não o quisesse, principalmente pela maneira como havia saído na passagem anterior. Só que o apresentador mexeu seus pauzinhos. Cinco minutos depois o responsável pelo departamento de esportes, Carlos Gomes, o CG, ligava para o Xodó.

"Marquei uma reunião com ele em um restaurante. Assinei pela primeira vez na vida um contrato de dois anos. Estava feliz demais!" *(Neto)*

Depois do vai e vem na TV, Neto finalmente se fixou. Era o principal comentarista esportivo da Bandeirantes. Com o moral em alta, começou a se destacar. Sentia-se como o camisa 10 de outrora. Com estrela parecida à da época de jogador, quando era capitão do time. O que Neto falava virava manchete. A identificação com a torcida do Corinthians lhe rendia status. Em contrapartida, o respeito de muitos torcedores dos outros times o surpreendeu.

"Sou muito mais conhecido hoje do que na época de jogador. Muito mais. Hoje eu apareço todo dia na TV. Uma criança de cinco anos sabe quem sou eu. Nos primeiros anos na função, eu era muito cobrado pelo corinthianismo nos comentários. Hoje tenho respeito de um monte de gente, o que é legal pra caramba." *(Neto)*

TRANSFORMAÇÃO MULTIMÍDIA

O sucesso na TV andou atrelado com a intensa participação em programas de rádio. Na realidade, depois de experimentar o gostinho na Bandeirantes como convidado e comentarista freelancer, finalmente, em 2004, veio a primeira oportunidade concreta nesse tipo de mídia. Convidado pelo coordenador Ângelo Ananias, Neto integrou a equipe da Rádio Globo. Estreou ao lado do narrador Oswaldo Maciel em uma partida entre Paulista de Jundiaí e Portuguesa. A situação de trabalho é que foi um tanto curiosa.

> **"Não pude ir à cabine. Tive de fazer o jogo do estúdio. Mas descobrimos em cima da hora que não teríamos o sinal da TV. O jeito foi comentar em cima da narração do Maciel, que estava lá no estádio. Foi engraçado."** *(Neto)*

Após um ano na Globo, Neto recebeu o convite irrecusável do amigo Éder Luiz para comentar na Rádio Transamérica. Ali surgia um casamento que duraria sete longos e proveitosos anos. Na emissora, ele participava do programa *Papo de Craque*, ao longo da semana, e comandava o *Esquenta*, que ia ao ar aos domingos.

> "Ele se moldou ao esquema de rádio com muita facilidade. É um autodidata. E ajudou muito nesse período de crescimento da Transamérica." *(Éder Luiz, narrador esportivo)*

> **"Sou muito grato ao Éder e a todos os amigos da Transamérica. Foi lá que aprendi tudo de rádio."** *(Neto)*

A experiência nesse tempo todo o reconduziu à Rádio Bandeirantes, que começou a apostar na política de unificar suas estrelas às mídias da casa. Desde o segundo semestre de 2011, passou a dividir os microfones com amigos como José Silvério, Ulisses Costa, Leandro Quesada, Alex Muller, José Maia, Alexandre Pretzel, Sérgio Patrick e Estevan Ciccone.

Apesar da baixa escolaridade, Neto sabe como poucos se expressar. Tanto na mídia falada quanto na escrita. É uma das figuras mais assediadas para escrever em jornais e blogs na internet. Já foi colunistas de periódicos como *Agora SP*, *Estadão*, *Diário de São Paulo* e *Diário Marca Brasil*.

> **"Adoro escrever. As pessoas têm mania de generalizar e achar que porque fui jogador não tenho capacidade. O que é um tremendo preconceito."** *(Neto)*

Apesar do gosto pela escrita, Neto relutou um pouco em se inserir na mídia eletrônica.

> **"Nunca gostei desse negócio de blogs, de redes sociais. Não tinha a percepção da importância e da abrangência dessa nova mídia. Atualmente adoro trabalhar com isso. A internet me aproxima mais das pessoas."** *(Neto)*

O *Blog do Neto*, que começou de forma tímida no UOL, passando pelo Yahoo! e KiGOL, rapidamente se transformou em um dos maiores fenômenos da internet. Colecionando acessos e seguidores, a página motivou o ex-jogador a criar e manter uma conta no Facebook e no Twitter. Ambas são sucesso entre os fãs e admiradores do futebol.

FINALMENTE... UMA COPA

Se a decepção com o esquecimento do técnico Lazaroni na Copa de 1990 marcou a carreira de Neto como jogador, a mesma coisa não se repetiu como comentarista esportivo. Em pouco mais de dez anos na função, ele já participou da cobertura de vários eventos importantes. Entre eles, os Mundiais da Alemanha, em 2006, e da África do Sul, em 2010. A primeira, pela Rádio Transamérica, teve uma particularidade importante.

> **"Lembro quando cheguei e respirei aquele clima de Copa. Aquilo me fez voltar ao passado. Pensei em como devia ter sido mais profissional e jogado uma competição daquelas."** *(Neto)*

Da Alemanha até a consagração no trabalho pela Band, na África, Neto atuou em torneios de grande expressão, como a Copa América e a Copa das Confederações. Mas o continente africano e sua cultura enriquecedora realmente deixaram uma marca no coração do hoje craque dos microfones.

> **"Foi demais estar em Johanesburgo. Conhecer aquele povo maravilhoso. Fiquei impressionado também com a adoração ao Mandela. Cheguei até a estudá-lo. O cara foi um líder. Um gênio da humanidade."** *(Neto)*

A questão social tocou Neto quando visitou os bairros pobres do Soweto. Tanto é que optou por levar um pouco de alegria às crianças, doando centenas de bolas de futebol. De quebra ainda bateu uma bolinha com a molecada. Uma lição de vida.

> **"O sorriso no rosto dos meninos valia tudo. Aprendi muito como ser humano nessa viagem."** *(Neto)*

GENTE QUE FICA NA VIDA DA GENTE

Com a palavra, Téo José (narrador esportivo)

"Existem pessoas que passam por nossas vidas. Outras ficam por causa do trabalho, da família ou de amigos em comum. Também existem aquelas que conhecemos e ficam enraizadas. O Neto pra mim é assim. Gente que conheci no futebol, depois no trabalho e ficou na minha vida. Um colega que se transformou em um grande amigo.

Nossa convivência maior, em tempo, foi na Copa do Mundo da África do Sul. A Band resolveu alugar apartamentos em condomínios e fiquei em um bloco vizinho ao dele. Pela proximidade, chamei o repórter Sandro Gama para dividir o espaço comigo. Mas era com Neto que passava mais tempo. Trabalhei em dupla com o Edmundo, não fiz nenhum jogo com Neto. Quando não estávamos viajando, acabamos criando uma rotina. Acordávamos, um ligava para o outro e tomávamos café da manhã.

Eram momentos de muita risada, análise dos jogos e também de contato com brasileiros. Nesse ponto, o Neto dava um show. Falava mais do que as pessoas que o procuravam e o mais bacana: aquilo era natural. Aliás, é. Depois partia para o meu trabalho de produção e, muitas vezes, com ele ao meu lado. Colocava-o na roda para o dever de casa. Buscava informações sobre os dois jogos e até passávamos juntos as pronúncias dos nomes de jogadores, técnicos e árbitros.

Nos dias de folga, buscávamos algo diferente para fazer. Certa vez vi na internet que teria na região o show do Andrea Bocelli. Não tive dúvida: o intimei para ir. Primeiro andamos quase uma hora de carro para comprar o ingresso, e ele pegando no meu pé, que 'se fosse ruim teria de devolver o dinheiro'. Não tinha nenhuma preocupação com isso, essa possibilidade estava afastada. No dia saímos mais cedo e chegamos ao Coca-Cola Dome, um lugar enorme para shows. Quando o tenor entrou, começou um dos melhores shows que presenciei na minha vida. De quebra ainda teve a participação do canadense Bryan Adams. Neto curtiu tanto que se emocionou e foi às lágrimas. Ali foi um dos grandes momentos daquela Copa. E o bacana é que estava ao lado do meu grande amigo.

Já no dia seguinte, ao término do Mundial, fomos ao shopping fazer as últimas compras. Aí foi uma festa geral. Mesmo sem falar inglês, ele se comunicava muito bem com os vendedores. Onde passava virava atração. Caímos em uma loja de artigos da Copa e um libanês era o dono. Sandro explicou a ele quem era o Neto. Foi até o YouTube e mostrou alguns vídeos, inclusive na Seleção. Pronto. O corredor virou uma grande confusão. Os vizinhos chegavam para fotos e faziam o clima que ele mais gostava. Ficamos mais de duas horas. Compramos muito, mas ganhamos um número maior de presentes.

Adorei a Copa da África do Sul. Foi a que vivi mais intensamente o trabalho. Tive mais espaço. Admirei o povo local, conheci um lindo país de ponta a ponta. Mas, principalmente, pude ver de uma forma mais clara que, apesar de ser um ambiente muito competitivo, e às vezes pouco saudável, podemos sim, fazer grandes amigos nesta profissão. Ter gente especial ao nosso lado. Como o Neto. Gente que fica na vida da gente. Pra sempre."

1 Neto com apenas um ano de idade

2 Sucesso desde cedo nos juvenis do Guarani

3 Relaxando após treino duro no Palmeiras

Página anterior: suor de campeão

Página ao lado:

1 No dente de leite da Ponte Preta. Neto é o primeiro agachado da direita para esquerda

2 Orgulho de mãe

1

2

1

2

1

2

3

1

2

3

4

1 Primeira equipe de Neto no Corinthians em 1989

2 O dono da bola

GAVIÕES DA FIEL
ROMÃO
FORD VERONA 91
BELINA 91
ZONA LESTE
TENIS MONTREAL
MONGERAL
PECÚLIOS PENSÕES
BRADESCO
CHOCOLATES GAROTO

O time do Corinthians entrando em campo para a final do Brasileirão de 90 contra o São Paulo de Telê

Momento em que o placar do Morumbi anuncia o gol histórico de Tupãzinho

BRAHMA CHOPP
OTIVA ZONA LESTE
9
TUPÃZINHO
18:13
CORINTHIANS 1
00
SÃO PAULO 0
GEVASCO AUTO PEÇAS
EDGARD SOARES
COBRA

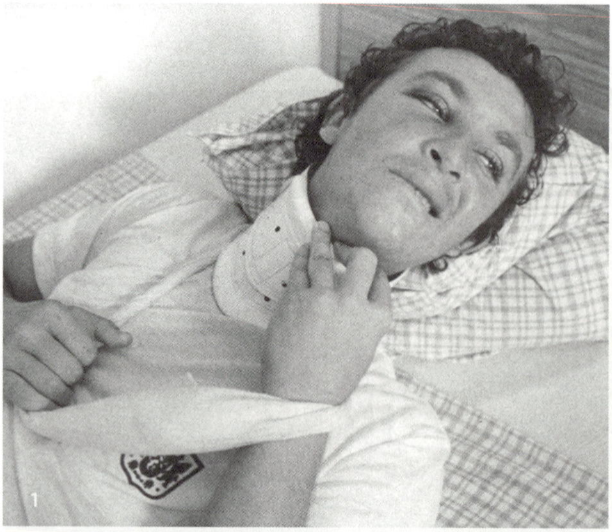

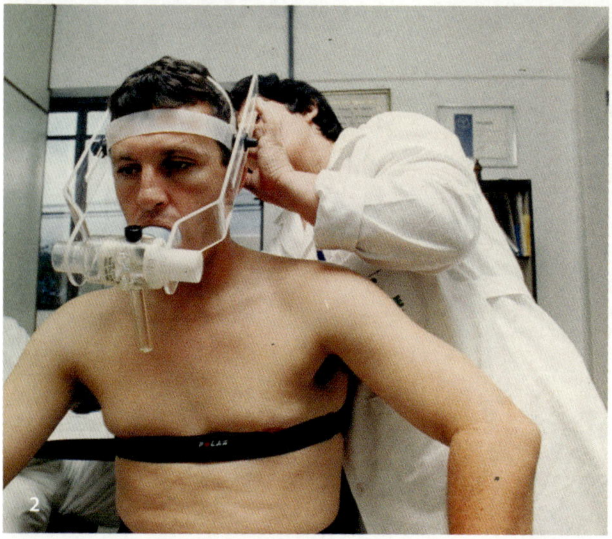

1 Se recuperando do grave acidente de carro em 1986
2 Fazendo testes físicos na apresentação ao Santos
3 Com o técnico Serginho Chulapa na Vila Belmiro
4 Preparação para o amistoso contra o Chile
5 Em Viña Del Mar, no Chile, em um dia de folga da Seleção na Copa América

1 Já no fim da carreira, ainda fazendo seus tradicionais gols de falta

2 Atuando pelo OSAN: roendo o osso nas divisões inferiores do Paulistão

3 Reencontrando a alegria de jogar bola em Jundiaí

1 Com o amigo e preparador físico Flávio Trevisan treinando para a São Silvestre

2 Tentando emagrecer no SPA na companhia do humorista Ary Toledo e da jogadora de basquete Hortência

Bastidores da Seleção nos
Jogos Olímpicos de Seul em 1988

1 Matéria especial para a Band com os craques do Barcelona

2 Cobertura da Copa com José Silvério, Casagrande, Mauro Beting e Junior

3 Equipe do Jogo Aberto recebe nos estúdios o goleiro Rogério Ceni

4 Com Luciano do Valle durante transmissão do Mundial da África

5 Passeando em Joanesburgo, na África do Sul, com os amigos Téo José e Edmundo

6 Entrevista exclusiva com Ronaldo Fenômeno

7 Ao lado de Marcelinho Carioca e Lula

15

O COMENTARISTA POLÊMICO

A televisão apareceu na vida de Neto. O menino de criação humilde, escolaridade baixa, de repente se transformou em um fenômeno da comunicação. Tudo o que ele falava repercutia nos clubes, nas redes sociais e nos bastidores do futebol. As palavras começavam a expor a personalidade do ex-jogador. Comentários mais apimentados já não eram engolidos por estrelas do esporte, as informações dadas em primeira mão menos ainda por alguns jornalistas. Neto atraía a notícia, um ímã de furos jornalísticos. Todos o procuravam para dizer que aquele jogador seria contratado ou que o outro brigou com não sei quem.

> **"As notícias chegam pra mim a todo instante, de todas as formas e lugares. Joguei bola quase 20 anos e tenho muito amigo e conhecido espalhado pelo Brasil. Mas eu sei em quem posso confiar. Sei quando a notícia é verdadeira ou quando o cara quer me usar."** *(Neto)*

"O Neto vê futebol de uma maneira muito peculiar, como poucos no Brasil. Tem a rapidez de perceber um lance polêmico. Agora, quando sai do sério, quando mexem com ele, ele se perde totalmente. Em contrapartida, tem a humildade de reconhecer quando erra."
(Renata Fan, ex-Miss Brasil e apresentadora de TV)

O ano de 2008 foi marcado pela polêmica com um companheiro de trabalho que, por muitas vezes, o enalteceu e chegou até a chamá-lo de gênio na época de jogador. Durante o segundo jogo final da Copa do Brasil daquele ano, entre Corinthians e Sport de Recife, o narrador Luciano do Valle fez duras críticas a Neto. Disse que não trabalharia com quem não era jornalista. Falou mal dele "pelas costas" enquanto participava de um programa de TV em Pernambuco.

"A imprensa de São Paulo 'tá' abrindo guerra com a imprensa do Brasil? Imprensa vírgula, porque na minha condição de jornalista não está o Neto, que comenta na Bandeirantes. Pra comentar do meu lado tem que ter diploma, e ele não tem. Então não adianta ir na onda dele. Ele quer bagunça, quer audiência."
(Luciano do Valle, TV Band Recife, junho de 2008)

As duras críticas pegaram Neto de surpresa. Afinal, os dois eram responsáveis pela transmissão dos principais jogos da emissora paulista. Até então nunca tinham tido nenhum atrito. Nem no ar, nem fora dele. A relação entre ambos era bem amistosa. Beirava a amizade.

"O que me surpreendeu é que eu não achava que ele pensava aquilo de mim. Mas conversamos depois, ele pediu desculpas e ficou tudo certo." *(Neto)*

Muitos jornalistas saíram em defesa de Neto. Milton Neves, outro citado por Luciano do Valle, usou a televisão e o rádio para demonstrar sua indignação. Jorge Kajuru não engoliu direito o discurso feroz do narrador.

> "O que o Luciano do Valle fez com o Neto é coisa de mau-caráter, mau colega. Esse Luciano do Valle dorme na cabine de transmissão dos jogos. O Neto aponta os jogadores porque ele está cego. Não enxerga. Troca jogador loiro pelo Pelé."
> *(Jorge Kajuru, apresentador esportivo)*

Assim Neto foi colecionando amigos e inimigos no meio esportivo. Mas um mal-entendido em especial o machucou. Em uma partida do Palmeiras contra o Santo André, pelo Campeonato Paulista de 2010, pegou pesado nas críticas ao goleiro Marcos.

> **"O Marcos é um grande cara. Um grande goleiro. Mas já estou de saco cheio. Toda hora que perde um jogo ele fala que vai parar. Parece criança quando tiram o doce da boca, pô! Perdeu, falhou, assume e segue o jogo. Acontece. Agora não pode se fazer de vítima. Toda hora a gente defende o cara, porque o Marcos é um baita cara. Mas não dá mais pra ele ficar com isso. Quer parar? Para. Não fica falando. Vê se o Rogério Ceni faz isso."** *(Neto, TV Bandeirantes, março de 2010)*

O comentário caiu como uma bomba no meio esportivo. Afinal, todos adoravam Marcos. O próprio Neto se considerava amigo do goleiro. Só que, como comunicador, ele se obrigava a ser contundente. Sentia-se à vontade falando o que pensava, sem avaliar os riscos de suas palavras. E assim como a boca fala o que a cabeça manda, o ouvido às vezes é obrigado a receber o que pode machucar. Marcos pediu o microfone da Band após as duras críticas de Neto.

"Toda vez que o Neto fala de mim, coloca o Rogério no meio. É uma situação chata, constrangedora, parece que fica jogando um contra o outro. Se ele é amigo do Rogério e fica defendendo o Rogério tudo bem, mas ele não precisa me defender. Na minha casa não entra mau caráter, porque eu não sou amigo de mau-caráter. Não entra cara que cospe na cara de juiz. Ele 'tá' tendo a segunda chance da vida dele. A primeira foi quando ele foi jogador do Corinthians e pisava em todo o mundo lá, e agora com o microfone na mão, e ele não 'tá' sabendo aproveitar essa chance de novo. O microfone é pra quem tem ética e não para quem quer ficar jogando um contra o outro."
(Marcos, goleiro do Palmeiras, em 2010)

Depois dessa discussão os dois ficaram sem se falar durante um bom tempo. Mas a posição de comentarista de um e a de goleiro de outro ia fazer o caminho dos dois se cruzar. A paz entre eles foi selada após um jogo do Campeonato Brasileiro daquele mesmo ano. Neto na cabine de transmissão da Band. Marcos no gramado.

"Foi durante o programa *Terceiro Tempo*. O Milton Neves que armou essa reaproximação. A que sou muito grato. Até porque, independente de não achar que estava errado em minhas críticas, não queria ficar brigado com um cara maravilhoso como o Marcos." *(Neto)*

"Duas figuras fantásticas como eles não podiam ficar sem se falar."
(Milton Neves, apresentador de TV)

A carreira polêmica de jogador aos poucos ia assumindo os mesmos contornos agora, com o microfone na mão. Muito influente entre atletas e dirigentes, foi dele a notícia em primeira mão da contratação do atacante Ronaldo pelo Corinthians. Manchete que mexeu com as principais redações de esportes do mundo. Todos foram pegos de surpresa. Neto tinha cravado ali o primeiro grande furo da carreira de comentarista.

> **"O presidente do Corinthians me ligou momentos antes do programa. Nem ele acreditava no que tinha feito. Mas tive a oportunidade de antecipar outras informações. Fui o primeiro a dar o Rivaldo no São Paulo. Mas, até pela figura do Ronaldo, essa foi a notícia que mais repercutiu. Mas o Andrés, por incrível que pareça, é quem menos me dá notícias de dentro de clube."** *(Neto)*

A relação entre Neto e Ronaldo, aliás, merece uma atenção especial. Afinal, o Fenômeno chegava para ser ídolo de uma torcida que amava Neto. Nada melhor que estar próximo ao comentarista para entender melhor como funcionava a Fiel. Assim, Neto conseguiu uma entrevista exclusiva com o novo camisa 9 corinthiano. Algo raro para o Fenômeno, que habitualmente só falava com a Rede Globo.

> **"A entrevista em um domingo na Band ocorreu em tom de muito respeito. Independente das cagadas que ele fez fora do campo, é um sujeito extremamente inteligente e carismático. Ali, eu, o Milton e a Renata conseguimos conduzir bem o papo com ele."** *(Neto)*

Neto e Ronaldo pareciam amigos de longa data. A conversa entre ambos fluía naturalmente nos bastidores. O contato era cordial, amistoso, mas o comentarista esportivo era polêmico ao extremo. Nunca se escondia atrás das amizades. Não se furtava a falar o que pensava sobre o futebol. E foi em uma crítica mais severa a Ronaldo, no programa *SP Acontece*, apresentado então pelo não menos polêmico José Luiz Datena, que o relacionamento entre os dois estremeceu. Neto e Datena pegaram no pé do atacante do Timão por não saber aceitar as críticas.

"Pra falar a verdade, ele vinha detonando todos que o criticavam. Fez isso até com o Casagrande, que era da 'amiga' Globo. Aí eu e o Datena falamos que ele estava gordo, sem condições de jogo. Aí ficamos sabendo que através do Twitter ele estava menosprezando a Band. Só porque o criticamos, é mole? Aí descemos o pau nele." *(Neto)*

A discussão saiu da televisão, caiu na boca do povo e no colo das redes sociais. Dias depois os dois, que outrora trocavam telefonemas e ideias de forma cordial, odiavam-se pela internet. Novamente pelo Twitter.

> **@ClaroRonaldo** Jogo por amor. E somente por amor! Pq realmente e sinceramente não precisava estar passando por isso.
> **@10neto** Se vc fala que só joga por amor, então abra mão dos R$ 1,5 milhão por mês. Eu nunca fui 1% de vc, mas assinava contrato em branco.
> **@ClaroRonaldo** Aceito qualquer crítica ao meu desempenho e do time. Mas não vou responder a ex-jogador aproveitador. Que vive até hoje com a imagem ligada ao clube.
> **@10neto** Usar a fama pra responder é fácil. Eu jogava por amor. Sócrates, Wladimir, Viola e Casagrande jogavam por amor. Para de conversa fiada, vai!
> **@ClaroRonaldo** Muito menos para gente irresponsável q incentiva a violência e q cospe nos outros.
> **@10neto** Do mesmo jeito que vc não fala com quem cuspiu em juiz, eu tb não falo mais com quem entrou no motel com 3 travecos e um morreu de Aids.

Neto e Ronaldo pareciam ter rompido relações de vez. Discussão pesada. Mas uma ligação em uma sexta-feira à noite, na véspera de uma partida entre Corinthians e Mirassol, pelo Campeonato Paulista de 2011, pegou Neto totalmente de surpresa.

"Era de noite. Meu telefone tocou e ele disse: 'Oi, Neto, aqui é o Ronaldo!'. Achei que era o goleiro, meu amigo. Respondi: 'E aí, frangueiro?'. Ele se apresentou dizendo que era o Fenômeno. Fiquei surpreso realmente. Mas depois conversamos durante 15 minutos. Ele me pediu desculpas. Fiz o mesmo. Ele disse que ia parar de jogar. Mas me pediu sigilo durante uns dias. Ali senti que o cara é decente. É gente que tem sentimento, como qualquer outra." *(Neto)*

A cada debate, a cada opinião mais contundente, a cada notícia dada em primeira mão, o nome de Neto ganhava espaço. Era respeitado por muitos, mas odiado por tantos outros. Ódio que muitas vezes podia ser traduzido por inveja, afinal deve ser difícil aceitar que um sujeito com o 1° grau incompleto tivesse tanto espaço na mídia. Machucava abrir o jornal no qual Neto escrevia, ligar no canal de TV no qual falava ou no portal de internet no qual publica informações.

> "O Neto tem uma coisa assim meio que de fenômeno. É muito difícil você pegar um jogador de futebol, criado no meio do futebol, com o palavreado do futebol, sem uma grande criação educacional, e ter uma articulação de ideias tão grande. O sucesso dele aconteceu por causa do carisma, que é uma coisa natural, você não aprende, não está na faculdade em lugar algum." *(Osmar de Oliveira, médico e jornalista)*

Um dos casos de maior repercussão ocorreu quando chegou até ele a informação de que o Corinthians estaria atrás do meio-campo holandês Seedorf, na oportunidade atuando pelo Milan da Itália. Assim que Neto abriu o programa *Jogo Aberto* afirmando que o craque viria para o Parque São Jorge, novamente todos ficaram atentos. E talvez o maior sinal de que ele estava em evidência foi a reação do apresentador de um dos principais programas de esportes da TV Globo, Thiago Leifert.

"O que aconteceu foi que havia uma informação falsa sendo divulgada. A informação de que o Seedorf havia assinado com o Corinthians. Eu sou jornalista, a informação é falsa. Aí eu vou lá e desminto. Eu entendo que ele tenha ficado ofendido, eu gosto muito do Neto." *(Tiago Leifert, apresentador de TV)*

"Nem conhecia esse rapaz. Depois fiquei sabendo que é filho de alguém importante da Globo. Mas isso não tira a competência dele. Só fiquei puto porque ele foi deselegante ao dizer que minha notícia do Seedorf no Corinthians era mentira. Não era. O cara até assinou pré-contrato. Talvez tenha me precipitado ao anunciar o acerto. Mas a notícia era verdadeira. Ele que disse bobagem na TV." *(Neto)*

O jeito sincero e arrojado de enfrentar debates fez de Neto uma referência no meio esportivo. A contundência nas palavras talvez tenha ganhado um tempero especial ao lado do não menos polêmico José Luiz Datena. Os dois tabelaram juntos durante mais de três anos em vários programas da TV Bandeirantes, o auge no *SP Acontece*. Um programa diário, na hora do almoço, que fazia milhares pararem em frente à TV. Muitas vezes, torcedores se aglomeravam em botecos, padarias ou pontos de táxis para discutir não se aquele jogador era melhor ou pior do que o outro. Curiosamente, passado algum tempo, Neto herdou o horário do amigo e passou a apresentá-lo.

"Em um primeiro momento, eu enxergava o Neto como um ex-jogador, como um ídolo. Hoje o vejo como um profissional completo e preparado. Não só admirado pelos corinthianos. É admirado por uma massa muito maior de torcedores. Tem muita competência no que faz." *(Renata Fan, ex-Miss Brasil e apresentadora de TV)*

"O Neto é espontâneo. Trata-se de um cara muito dedicado. Tem um futuro muito grande. Um brilho diferente dos outros. Ele vibra, sente, fica bravo, não é um cara pasteurizado. Ele tem a facilidade de se comunicar, não tem vergonha de falar o que sente. O fundamental de tudo é ser bem informado e se comunicar bem. O brilho da TV é a comunicação e ele se comunica muito bem."
(José Emílio Ambrósio, diretor de esportes e jornalismo da TV Bandeirantes, em 2011)

A maneira simples e autêntica faz Neto continuar colecionando polêmicas. Desperta sentimentos de amor e ódio nas pessoas. Talvez esse seja o principal motivo de seu sucesso como comunicador. Hoje ele é uma das personalidades do esporte mais requisitadas para comparecer a debates e palestras. Mas é em casa que Neto se sente totalmente realizado.

"Hoje eu sou um cara realizado. Com minha mulher, meus filhos. Fico um pouco longe deles no dia a dia por causa do trabalho. Mas estou tentando criar um suporte para dar a eles um bom padrão de vida. O mais legal é que aos poucos meus filhos vão entendendo o que o pai foi. O Gustavo outro dia bateu no peito pra mim e disse: 'Sou Corinthians!'. Foi legal demais. Eu acho que deve ser duro ser filho de pai famoso." *(Neto)*

Os comentários de Neto estão garantidos pelo menos até a Copa do Mundo de 2018, a ser realizada na Rússia. Afinal, com tanta popularidade, é difícil imaginar que ele não esteja com um microfone na mão. Porém, após esse Mundial, o projeto de vida profissional mudará. Será o momento de tentar realizar um sonho.

"Meu sonho é ser presidente do Corinthians. Às vezes vendo tudo que gira em torno do cargo, não me sinto preparado. Mas vou tentar me especializar e me cercar das pessoas certas para conseguir exercer a função. A verdade é que minha vontade é tentar retribuir um pouco de tudo o que a instituição fez por mim. Se não fosse o Corinthians eu não seria ninguém. Espero que aconteça antes, claro, mas imagina que lindo seria o clube conseguir a Libertadores em minhas mãos. Incrível! É um sonho que tenho." *(Neto)*

O ALAMBRADO

Com a palavra, Fabricio Bosio (jornalista)

"O mês de novembro estava para acabar em 1990. Um menino apaixonado por futebol e louco pelo Corinthians recebeu um presente de aniversário com seis dias após completar 11 anos de idade. Naquela quarta-feira o pai dele chegou em casa com dois ingressos para um jogo contra o Atlético Mineiro. Era a primeira partida das quartas de final do Brasileirão daquele ano.

O garoto até então nunca havia ido a uma partida tão importante. Por isso se vestiu inteiro de Corinthians e ficou pronto antes das 18h. Uma hora e meia depois foi com o pai ao Pacaembu. Casa lotada, alguns minutos na fila e ingresso na catraca. O olho da criança que sonhava com bola brilhou quando viu o gramado. A realização era tanta que ele parecia estar sozinho com o pai, uma loucura de ensurdecer mesmo com mais de 40 mil vozes gritando Corinthians.

O jogo começou com o Corinthians totalmente inferior aos mineiros, que rapidamente fizeram 1 a 0. Só que o Corinthians tinha Neto, e Neto de cabeça empatou. Para o pequeno corinthiano, o gol, já no segundo tempo da partida, era a alegria que ele esperava para aquele jogo. Com 11 anos é quase impossível ter a noção de que o resultado não era dos melhores. Só que aí o Corinthians deixou de ser apenas um time de futebol, e o camisa 10 passou a ser mais que apenas um jogador do Corinthians. A bola que sobrou dentro da área, já no final da partida, fez o menino ouvir a rede estufar. Em uma fração de segundo, Neto estava correndo em direção ao alambrado, justamente onde o menino abraçado ao pai comemorava e quase chorava o gol. O craque saltou, segurou-se na grade e se transformou naquele instante em ídolo.

O garoto continuou Corinthians, Neto virou Xodó da torcida e assim a admiração se eternizou. O menino cresceu, estudou jornalismo e se encontrou com o ídolo. Desta vez não existia grade nem alambrado, apenas a porta dos estúdios da Rádio Bandeirantes, onde eu e o Neto trabalhávamos. Conheci meu ídolo em 2000 e me ofereci para escrever um livro contando a história da sua vida.

Neto virou tema da única obra literária que escrevi ao lado do amigo e pai da minha afilhada Isabella. Sou grato aos dois por esse sonho realizado. Agradeço ao meu pai, não só por ter me levado àquele jogo, mas por tudo. À minha mãe e às minhas duas irmãs por me incentivarem, à Débora por estar sempre do meu lado, ao pai dela, Erasmo, pela precisa revisão. A meu tio Marcio, meu primo Paulo Henrique e meu cunhado André por serem Corinthians como eu. E, pra quem mais for Corinthians, nos encontramos no Pacaembu, em Itaquera ou onde o Corinthians estiver".

CRÉDITOS DAS FOTOS

Pg. 18 1: Studio do Zézinho, 2: arquivo pessoal, 3: reprodução
Pg. 20 reprodução
Pg. 25 1: arquivo pessoal, 2: Studio do Zézinho
Pg. 30 arquivo pessoal
Pg. 33 arquivo pessoal
Pg. 34 arquivo pessoal
Pg. 40 arquivo pessoal
Pg. 51 arquivo pessoal
Pg. 53 Gazeta Press
Pg. 54 JP online
Pg. 60 arquivo pessoal
Pg. 65 reprodução
Pg. 66 1: arquivo/revista Placar, 2: arquivo pessoal
Pg. 75 1: arquivo pessoal, 2: Rubens Boccia/Gazeta Press
Pg. 78 arquivo pessoal
Pg. 86 Gilberto Liñera/Gazeta Press
Pg. 87 arquivo pessoal
Pg. 88 arquivo pessoal
Pg. 90 1, 2: John Kurts/Agência Folhas
Pg. 94 Silvio Correia/Diário Popular
Pg. 97 1: Wilson Fonseca/Diário Popular, 2: Gazeta Press, 3: Marcos Fernandes
Pg. 98 1: Claudinê Petroli/Diário Popular, 2: Paulo Pinto/Diário Popular, 3: Gazeta Press
Pg. 101 1: Gazeta Press, 2: Domício Pinheiro/Agência Estado
Pgs. 102-103 Gazeta Press
Pg. 108 1: Gazeta Press, 2: arquivo/Diário Popular
Pg. 113 Manoel Motta/Diário Popular
Pg. 116 arquivo pessoal
Pg. 120 1: arquivo pessoal 2: Gazeta Press, 3: arquivo pessoal
Pg. 124 arquivo pessoal
Pg. 126 Gazeta Press
Pg. 127 1: José Pinto/Diário Popular, 2, 3: Gazeta Press
Pg. 131 arquivo pessoal
Pg. 132 arquivo pessoal
Pg. 138 arquivo pessoal
Pg. 149 arquivo pessoal
Pg. 154 Elcio/Diário do Povo
Pg. 163 arquivo pessoal
Pg. 181 Milton M. Flores/Folha da Tarde
Pg. 182 1: Culturamix.com, 2: arquivo/revista Placar
Pg. 188 arquivo pessoal
Pg. 191 arquivo pessoal
Pg. 194 1: arquivo pessoal, 2: Paulo Pinto/Diário Popular
Pg. 200 1: arquivo pessoal, 2: Gazeta Press
Pg. 202 arquivo pessoal
Pg. 215 arquivo pessoal
Pg. 226 arquivo pessoal

CADERNO COLORIDO

Pg. I 1: Gazeta Press
Pg. II 1, 2: arquivo pessoal, 3: Gazeta Press
Pg. III 1: arquivo pessoal, 2: Paulo Pinto/Diário Popular
Pg. IV 1: arquivo pessoal, 2: arquivo/revista Placar
Pg. V: 1: Gazeta Press, 2: arquivo pessoal, 3: arquivo/revista Placar
Pg. VI: 1: Jorge Araújo/Agência Folhas, 2: arquivo pessoal, 3: arquivo/revista Placar, 4: Marcelo Regua
Pg. VII 1: arquivo pessoal, 2: Gazeta Press
Pg. VIII-IX Koyo Kamei
Pg. X-XI Koyo Kamei
Pg. XII 1, 2, 3, 4: Gazeta Press 3: arquivo pessoal (foto presenteada por Luisão, massagista da seleção brasileira)
Pg. XIII 1, 2: Valter Ferreira, 3: arquivo/revista Placar
Pg. XIV 1: Milton M. Flores/Folha da Tarde, 2: arquivo/O Estado de S. Paulo
Pg. XV arquivo pessoal
Pg. XVI arquivo pessoal

TÍTULO **Eterno Xodó**

Equipe editorial LOURDES MAGALHÃES E TÂNIA LINS
Preparação de texto LIZANDRA MAGON DE ALMEIDA
Revisão MARTHA LOPES E PRIMAVERA EDITORIAL
Capa, projeto gráfico e diagramação MARCIO SOARES
Foto da capa e dos autores CAROL GHERARDI

Dados Internacionais de Catalogação na Publicação (CIP)
(Câmara Brasileira do Livro, SP, Brasil)

Nalesso, Renato

Eterno xodó / Renato Nalesso, Fabrício Bosio. –
2. ed. 3ª tiragem – São Paulo : Primavera Editorial, 2011.

ISBN 978-85-61977-33-7

1. Jogadores de futebol – Biografia 2. Jogadores de futebol –
Brasil 3. Neto, 1966- I. Bosio, Fabricio. II. Título.

11-13459 CDD-927.963340981

Índices para catálogo sistemático:
1. Brasil : Jogadores de futebol : Biografia 927.963340981

PRIMAVERA
EDITORIAL

Rua Ferreira de Araújo, 202 - 8º andar
05428-000 – São Paulo – SP
Telefone: (55 11) 3034-3925
www.primaveraeditorial.com.br
contato@primaveraeditorial.com

ETERNO XODÓ

foi impresso em São Paulo
pela gráfica Prol Gráfica,
para Primavera Editorial em
abril de 2012.